法的新路径

New Paths of the Law

(附：法律的正义)

〔美〕罗斯科·庞德 / 著

李立丰 / 译

北京大学出版社
PEKING UNIVERSITY PRESS

目　录

前　言 /1

一　自由之路 /1

二　人道之路 /38

三　威权之路 /71

附：法律的正义 /101

译后记 /129

前　言

《法的新路径》[*]一书正文所收各篇，皆为庞德教授1950年4月24日至26日在内布拉斯加大学所作的演

---

* 本书英文原名为 New Paths of The Law，国内较早有学者将其译为《法律的新路》，具体可参见顾维熊：《反动的庞德实用主义法学思想》，载《法学研究》1963年第5期，第43页注释。但译者并未采此译法，而是选择将其译为《法的新路径》，其关键区别在于，如何准确把握庞德所选用的'The Law'一词。译者参考法理学家德沃金的介绍及潘汉典老师的中译，认为庞德注意到英语系法学家往往把各种法律和规则联想在一起，认为法是各种规则的总和或者体系，殊不知和法语、德语等其他语系不同的是，英语并没有用两个不同的词分别指代"法"（The Law）与"法律"（A Law），而是通过改变冠词对其加以区分。参见〔美〕罗纳德·德沃金：《论规则的模式——略论法律规则与原则、政策的法律效力，批判实证主义》，潘汉典译，载《环球法律评论》1982年第2期，第19页。特此说明。——译注

讲。这一系列演讲,标志着由内布拉斯加州律师协会诸君与内布拉斯加大学校友、故旧协力创建的以庞德教授命名的荣誉讲席正式发足。

庞德院长不仅是土生土长的内布拉斯加人,是内布拉斯加大学的毕业生,还曾担任内布拉斯加州大学法学院的院长。举世公认,庞德教授是美国最具能力、最为杰出的法学家。对于法律以及社会科学极广的涉猎与精深的钻研,对于法律人、司法与行政机构相关实际问题的明晰体察,对于书面陈述与口头表达的惊人天赋,对于完善司法管理的满腔热忱,对于艰涩真理与朴素话语的毕生追求,种种禀赋特质,为庞德教授在世界学林赢得了一席显赫之地。

庞德教授所言所学,涵摄不同谱系的主题,且历久弥新,堪称标杆灯塔,时至今日,仍然指引着法学发展的进路。本书收录的这几篇演讲,更可谓百尺竿头之作,是庞德教授博大法学思想的宝贵延续。有言道,条条大路通罗马,但本书想要迫切传达的意思却恰恰相反:法路千条,却罕有殊途同归者也。

一、
自由之路

"法须稳定,但毋僵直。"一个代际之前,我曾以这句话引领话题,在某大学作过系列讲座。当时于我而言,稳定,并非仅因经济秩序的迫切所需(毕竟经济活动得以存续的前提,是人们对于合理预期的信心),更因一种根深蒂固的认知,即自由之人不愿受制于他人的恣意胡为。改变势在必行,因为生命的特质就在于持续调整,从而适应不断变化的外部环境。如此一来,我们似乎遭遇到了一个难题,如何在保持稳定与寻求改变之间合理配置资源,寻找、维系二者的某种平衡,既不能忽左忽右,亦不能避重就轻。当下这个时代,之前明明不可分割的,可以被轻易切分;之前被认为不可能的,可以被轻易达成。在这个意义上,有人选择打破上述平衡,或者干脆将所谓稳定抛到脑后,也不能算很不自然。理想社会中,借由稳定性达成的目标遭人忽略,相反,借由毫不受限的个人意愿所追求的目标,虽然存在个体差异,仍倍受重视。但这种进步,标志着社会从将法律作为主要社会控制手段,转变为将行政意志作为主要社会控制手段。帕舒卡尼斯*认为,在理想社会中,法律将不复存在,或者说只存在一种近似于法律的规范,这种规范不是法律,而仅指行政规范或行政命令。然而,在这个社会中,如何达成理想状态下的人际关系这个疑问,似乎应当由政治学者而非法律人来加以回答。我认为,应当将这一体制理解为,通过社会政治体制的有序组织,

---

* 叶夫根尼·布罗尼斯拉夫维奇·帕舒卡尼斯(Evgeny Bronislavovich Pashukanis,1891—1937年),苏联法学家,曾著有《法与马克思主义概论》(*The General Theory of Law and Marxism*)等著作。——译注

系统性地动用社会力量调整关系、规范行为。这种体制,被大陆法系学者称之为法律秩序,属于对"法"概念的一种解读。而我,将以这个意义上实现法律目标的路径,作为演讲的主题。

在某个场合,我曾提出,法律体制的目标,至少说是其直接目标,是尽可能多地确保社会福祉最大化,其中就包括个体在尽可能避免冲突、减少浪费的基础上,在文明社会中共同生活等全部需求。类似于工业工程,我将这一过程称之为"社会工程"(Social Engineering)。这就要求法律人在特定时空条件下,发现、发展针对文明社会合理生活预期的特定法律前提预设。如果一个政治秩序良好的社会想要得以存续,人类欲望、需求、主张的冲突、竞争与叠压,在形成、实现其合理预期的过程中,都需要对于人际关系进行系统性调整,对于人的行为进行理性规范。

古希腊伊壁鸠鲁*时代以降,哲学家们一直围绕是否存在界限,是否存在无限可能进行论争。宇宙,或者我们今天必须说,宇宙之宇宙,究竟是无限的,抑或是有限的,属于康德鼓吹的绝对理性的一种二律背反(Antinomies)。经验似乎表明,依照法律秩序实施的有效行为,在其目标的实现过程中存在局限。然而,法律发展所呈现出来的,却是法律承认的利益范围持续扩大,确保上述利益的手段愈发高效。从不胜枚举的示例中,我想选取隐私权与劳工权这两个在我获得律师资格的六十年间重要性日益凸现的例子,尝试说明在不危及社会稳定的情况下,可以在多大范围内、多大程度上实现前述利益。必须指出的是,很多看似翻天覆地的变革,都

---

* 伊壁鸠鲁(Epicurus,公元前341—前270年),古希腊哲学家、无神论者,伊壁鸠鲁学派的创始人,认为哲学的任务是研究自然的本性,破除宗教迷信,分清痛苦和欲望的界限,以便获得幸福生活。——译注

只是已有观念或程序改头换面的翻版。例如,新的联邦程序法中规定了驳回起诉申请以及裁定请求申请,用以取代先前法律规定的抗辩权(Demurrer)。这不禁让我们想起了马克·吐温曾谈及的所谓"荷马问题":荷马史诗不是荷马所著,而是另外一个同名同姓的人所写。目前颇为博人眼球的审前会议等司法实践,像极了十四世纪的口头诉求,我们从布莱克斯通那里学到的繁复书面诉求体系正是来源于此,日后我们又试图对其逐步简化,最终不得不回头考察中世纪的司法审判实践,从而明确,审理的关键在于明确当事人之间争议的真正焦点。

相对而言更为重要的,应当是在霍姆斯为代表的历史法学派之后,法的方向、道路乃至要素出现的改变,我们可以将其称之为法的路径或法的道路。不同时代,对于法的目标,看法也不尽相同。为了达成特定的法的目标,也可能存在不同的路径。特定时空条件下,可以十分明晰地厘定通过何种路径,才能实现预期的法的目标。但在其他情况下,实现法的目标的路径却不甚清晰。法的道路,很可能会因为法的目标存在不同侧面而往复曲折,甚至大相径庭。适用的路径、列明的方法、实现法的目标的导向,乃至对于法的目标的认知,都可能会在法的层面出现改变,这是因为,作为行为规范或关于行为范式的判决的有约束力部分,会从法律秩序层面,或者从与法律秩序实施相一致的具有约束力的行为准则方面,潜移默化地改造法律。

十九世纪的最后十年间,一种法的分析路径开始萌发。时至今日,这一点已经变得十分显明。然而,尽管我们可以十分确定,在十六世纪适用此种法的路径所要实现的目标,也十分清楚十九世纪这种法的路径指向为何,但就现在我们所要实现的法的目标,或者通过何种方法能够实现这一目标,却很少能够达成共识。在中世纪之初,我们认为法律秩序的正式目标,就是维护社会安宁。在中世纪后期乃至近现代初期,法的目标变成了如同希腊人以及承袭其衣钵的罗马人所主张的"有秩序地维持社会现状"。早期,其认为应当通过规则、形式来寻求关系调整中的确定性与一致性;后期,其认为应当通过理性确保诚信与道德行为得以推广。到了十九世纪,法的目标演变为通过确保自由的平等性以及确保个人免受他人恶意干涉,维持、促进自由个体寻求自决的机会最大化。

在十九世纪的成熟法律中,平等,意味着自由个体自决的机会平等。安全意味着保证他人安全的情况下,自决的自由不受干涉。但是,这两个经常被提及的词汇,含义却一直在发生改变。十九世纪后半叶,马克思所教导的平等是指满足物质需要,但是当代,人们认为平等是指满足文明社会中生活所涉一切需要。晚近,安全开始变得包括免受肉体病痛的困扰,注意,安全开始变得不仅仅意味着免受他人的恶意攻击或干涉,不仅仅意味着避免机会遭到剥夺,还开始变得包括免受欲望、恐惧、失败乃至个人目光短浅等诸多要素所造成的困扰。

名称本身并没有什么。名称本身也未必是一种描述。但我们可以合理地将当代法从十六世纪开始承袭的,并且在十九世纪业已牢牢站稳脚跟的方法,称之为法的"自由之路"。事实上,从十六世纪到十九世纪,伴随着地理大发现、殖民主义以及新领地的拓展、自然资源的开发,人类迎来了自身发展历史的黄金机遇期。在十九世纪结束之前(对于美国,则是在第一次世界大战爆发之前),似乎可以毫无限制地去开疆扩土,去征服土著,变沃野为良田,化村落为城市,开发地下矿藏,探索全新航路,去探险、去贸易。对于全世界的人来说,美国遍地都是机遇,随着新移民的涌入,早期移民聚居地摇身一变成为新的处女地,早期移民后裔放弃的工作机会迅速被新移民所获得,这也为其提升经济地位开拓了空间。机遇需要自由,迫切需要自由个体寻求发展可能的自决权不受干涉。因此,美国,这片充斥着机遇的土地,始终不渝地选择、坚守并发展着法的自由之路,即使其在很多国家,这条道路已经逐渐式微乃至被全盘否定。

美国最早出版的法律书籍中,就包括《大宪章》(Magna Carta)。1734年,一位费城的律师依据《大宪章》,成功地在一起涉及出版自由的诉讼中击败了英国统治者。《大宪章》也成为美国人民反对"印花税法"的基本论据。《大宪章》的原则与精神,得到了库克爵士以及布莱克斯通的诠释与发展,并且成为殖民地人民最终发动革命的精神武器。1774年召开的大陆会议所发表的《权利宣言》宣称,其目标旨在主张、维护殖民地人民的权利与自由,同时宣称,殖民地人民有权使用英国普通法。尽管在独立战争期间乃至战后很长一段时间,北美殖民地人民极度仇视英国,但若干在《独立宣言》发表之后制定宪法的州,仍然选择适用普通法作为司法根据。同时,美国人民还制定、采用了权利法案,其中有关自由权利的规定占据了相当篇幅。美国法律创设之初,法律思维的特征在于其所呈现的极度个人主义,将毫不妥协地捍卫个人利益、个人财产作为法学理论焦点。

在从农业社会向工业社会、从农村到城市的历史变迁过程中,没有什么普通法规则会像与劳工阶级相关的风险承担以及共同过失那样引发争议了。然而,从机会以及自由的角度思考上述规则,却丝毫没有违和感,甚至十分顺理成章。工人是自由人,应当为自己的选择负责。也就是说,选择从事危险行业的工人,就要承担因此受伤的风险。"很好,因为他是自由人,因此就让他去承担损失好了。"直到二十世纪之初,知名大律师卡特先生(Carter)* 仍然在演讲中鼓吹,个人必须为自己的行

---

* 詹姆斯·卡特(James C. Carter, 1827—1905 年),纽约知名律师。这里谈到的演讲,是指卡特晚年在哈佛大学所作的系列法学讲座,其逝世后,这些讲座内容被汇编为《法:源流、发展与功能》(*Law: Its Origin Growth and Function*)一书。——译注

为负责。

十八世纪,美国法律人开始将英国人享有的普通法权利,认定为人的自然权利。这一结果,为极度个人主义者指明了自由之路,这是在英国都铎与斯图尔特时代*这一黄金机遇期普通法所沿用的道路,也是北美发展黄金机遇期所选用的法律之路。应该说,十八世纪的自然权利理论,无论从其所涉及的种族层面,还是从其所涉及的政治层面,都带有彻底的个人主义色彩。正如,人的固有道德禀赋理论,就建立在抽象孤立个体的基础之上。又如,建立在社会契约基础上的权利理论,认为自然权利属于社会契约赋予其缔结者的个人权利,除此之外,根本不存在任何法律,也不存在任何法律所

---

* 都铎与斯图尔特时代(Tudor and Stuart England),是指亨利七世1485年入主英格兰等地后开创的一个王朝,处于英国从封建主义向资本主义的过渡时期,被认为是英国历史上的一个黄金发展阶段。——译注

保护的对象。无论哪种理论,法律存在的意义都旨在维持、保护个人利益。其可以完美地转化为关于英国人普通法权利相关原则的哲学理论,因此我们毫不怀疑美国政治、法律体系乃至法律思想的建构者们,明明一边研读库克、布莱克斯通的思想,一边研读法国与德国的著作,却还认为自己所读的都是一回事。1774年,大陆会议宣称,殖民地人民享有英国人的普通法权利。1776年,大陆会议发表的《独立宣言》主张的是人的自然权利。然而,这两种主张并没有什么实质区别。这就导致被我们宣称为传统,被用来作为政治与法律机制根基的普通法,属于主张个人自然权利的法律体系。其存在的目标,不仅用来保护个人利益免受其他个人的侵犯,甚至还可以被用来保护个人利益免受国家、社会的侵犯。这意味着宣扬自然权利的权利法案,同时也在宣扬普通法。因此,美国十九世纪的法,牢牢地站在了自由之路上。

自由范畴的扩张,对于行为限制的放宽,曾被认为引领着法律前进的方向。也有观点认为,任何法律限制都必须具有正当性,唯一的正当理由,只能是这种限制会带来更多自由。半个世纪之前,这一话语在缔约自由问题的讨论过程中占据上风。我们被告知,自然人并非从法律之中获取订立契约的权利。换句话说,因为公司从国家获得缔约权利,所以国家可以制定法律限制公司的缔约自由,但无论如何,国家都无权限制个人的缔约权利,因为这是一项自然权利。有法院在否定一项针对商业零售业公司的立法时提到,任何针对薪酬的区分限制合同都违反宪法,除非能够证明其所参照的是"自然人的缔约能力"。另外有法院在判决中支持了类似立法,认为除非存在生理或心理缺陷,否则缔约权利不受任何限制。有法院认为,立法机构无需理会特定工业部门在订立用工合同时对于不同类型工人的差别待遇,但需要将其置于理论意义上的法律平等框架之中。

美国宪政体制的建构者,是法律自由道路的忠实拥趸。美国宪法也被认为与《大宪章》一脉相承,二者之间历经《权利请愿书》*、1688年英国权利法案、1774年大陆会议发表的《权利宣言》以及《独立宣言》等不同发展节点。其核心特征,亦在于法律至上这一普通法原则,所谓法律至上,用早期普通法学家布莱克斯通的话来说,就是英国国王之上,只存在上帝与法律,所有官方以及个人的行为都必须接受法律的严格审查,从而确定其是否合法;而立法,作为对于自由人的一种行为限制,必须被严格控制在普通法权利以及本国立法根据的范围之内。在中世纪,普通法法院就明确判令,国王不得

---

* 《权利请愿书》(Petition of Right)是英国宪政历史上的标志性文件之一,明确列出了不受王权干涉的具体个人权利,被视为与《大宪章》、权利法案具有同等重要性,同时,其也被视为是美国宪法权利法案第三、第五、第六条的直接法源。——译注

通过向法庭递条子的方式干预司法。普通法法庭还判令,大宪章保障宗教自由,因此,议会不得通过法案将教会法的制定纳入其权限范围,更不得通过立法,任命外行的公职人员担任宗教神职。十五世纪,福蒂斯丘*曾用英国对于个人权利的保障,与法国人对于法兰西国王的臣服做过鲜明对比。与斯图尔特王朝艰苦卓绝的斗争,催生了库克爵士的巨著《英国法总论》第二卷,加上布莱克斯通的补充阐释,这一思想逐渐被美国人民所接受,用其对抗英国的殖民统治,并引发了最终的那场革命。与此相关,1578年至1701年期间出现的大量执行英国议会褫夺普通法权利的判例及其说理遭到扬弃,1780年至1787年北美各州高等法院的判例转而参考殖

---

* 约翰·福蒂斯丘爵士(Sir John Fortescue, 1394—1479年),曾担任英格兰王座法庭首席大法官,同时编有《英国法评论》一书,对于普通法产生了深远影响。——译注

民地时代依据普通法制定的殖民地法,以及库克等人对于英国普通法的评论,并据此作出过一系列判决。同样的情况,还适用于1788年美国联邦宪法这部美国最高位阶法律的制定过程,以及1803年对于立法进行违宪司法审查权的创设过程。所有的一切,都可以被解释为在十九世纪,人们笃信历史传承,并将对于个人自决权的确保作为美国政体的基础与根本。

十九世纪,普通法在美国发展过程中呈现出的最大特色,就在于其对于社会政治组织中统治权力的态度。针对国王、立法者抑或是大多数选民,普通法持续不断地抵制着自己的一项基本原则:权力应当依法运行。当宪法要对普通法的效力作出限制,或者要求普通法的效力更加明确时,普通法法院就不会再承认超越法律限制的行为具有法律效力。十四世纪时,英王会派人四处征收可以被现代人称之为"税"的财富,如果收税人在没有出示令状的情况下,就牵走纳税人的牛,用来折抵欠缴的税款,则纳税人得要求返还该牛。换句话说,即使国王的税赋,也必须依法收缴。这一点,国王与纳税人之间的关系,可以从历史上追溯到中世纪规则与平民之间的"互惠权"(Reciprocal Rights)。与判例制、陪审团审理制一道,法律至上性原则也成为标志着盎格鲁—美国法律体系的三大特征之一。通过十六、十七世纪法院与王权之间的激烈斗争,这些特征被牢牢固定下来,并且在殖民地与殖民地政府之间爆发的革命战争中得以进一步强化。在这些斗争中,法律逐渐演变为屹立于社会政治组织与公民个人之间,确保公民自由权利免受公权行使者恣意侵犯的武器。最终,才演变出了我们现在耳熟能详的政府与公民关系理念:"要保护公民对抗政府,而不是依靠政府保护人民。"

"权力导致腐败,"阿克顿勋爵*如是说,"绝对权力导致绝对腐败。"法兰西王朝时期国王享有的绝对权力,英格兰斯图尔特王朝期间的滥权专制,英国殖民地政府在北美殖民地的胡作非为,在美国政体初创之时,仍都历历在目。直到十九世纪末,保护公民免受政府权力的压榨,都仍然是我们法律教科书的主题。至少法律的初学者们,会从布莱克斯通的著作中对此有所了解,而一个代际之前,法学入门教材当中也充斥着此类内容。美国宪法的批准过程举步维艰,险些夭折,就是因为人们担心中央政府远离地方人民,容易沦为压迫的工具。后

---

* 阿克顿勋爵(Lord Acton,1834—1902年),自由主义运动重要人物,曾担任英国下院议员以及剑桥大学近代史教授,主编《剑桥近代史》。作为历史学家,他把历史探索的客观性与历史性研究中的道德判断结合起来;作为政治哲学家,他对个人自由以及促进与威胁个人自由的力量的有力分析,深刻影响了二十世纪思想史。——译注

来,只好通过在宪法中追加权利法案的办法,才使得联邦宪法获得批准,各州宪法中列明的权利法案同样证明了人们对于政府的不信任,以及对于权力滥用的持续担心。

在法律中,我们依赖经验,仰仗理性。正如我经常挂在嘴边的那样,法律是通过理性发展起来的经验,是被经验证实了的理性。说到经验,我们会求助于历史。说到理性,我们会求助于哲学。从哲学来看,统治本身,无论其表现形式或运行机制为何,都必须依据原则,不能恣意胡来;都必须依据理性,不能为所欲为;其根据在于一个具有普世性的自然法理念,在任何时间、任何地点,对于任何人都适用,展示出人作为理性生物所具有的理性本能。因为这一自然法理念是通过个人的本质加以发掘的,因此具有高度的个人主义色彩。在其看来,社会与个人之间存在压制关系,法位居二者之间,保护个人免受前者侵害。

在最近的著作中,考文教授*呼吁大家注意,上述政治法律准则开始走了下坡路。在二十世纪最初十年达到高峰之后,随着美国司法机关与立法机构之间的不断斗争,特别是法院未能推翻立法机构通过的有关劳工赔偿的立法,这一准则开始逐渐式微。

长期以来,无论是欧洲还是北美,法理学思潮的发展都被认为是沿着自由之路前行。事实上,早在法学界最终放弃宣称这条道路是唯一正确之路之前,美国的立法机构就早已与之貌合神离、渐行渐远。现在,就让我们考察一下,十九世纪的法学究竟呈现出何种样貌。

十九世纪美国法学关注的三大问题之一,就包括法学理论的解读问题。十九世纪,是政治理论、法学理论

---

* 爱德华·考文(Edward Samuel Corwin,1878—1963年),曾担任美国政治学会主席,长期执教于普林斯顿大学。——译注

获得极大发展的世纪。这一时期,法学开始转向历史哲学寻求解决问题的办法,开始转向哲学史探究自身的哲学根据。因此,对于法学家而言,解读法律发展就变得至关重要。在所有已知的六种解读范式中,影响较大的只有两种,分别是欧洲大陆形而上学法学家们所使用的道德解读范式,以及英美历史学派法学家们所使用的政治解读范式。这两种解读范式,都颇具理想主义色彩,都试图寻找一种不仅在被广泛接受的规范之中,而且还通过司法机制在法律发展中得以实现的理想信条。

根据道德解读范式,在法律发展之中得以自我实现的理念,是所谓权利理念。康德围绕权利建构的形而上学体系,可以很容易地转化为法律规定。正如我曾经提到的那样,萨维尼将康德对于权利的界定,通过框设维护个人自由范围的规则,置于对自由行为的要求以及与他人自由接触的语境假设基础之上。这就为我们提供了一种法学理论,一种与珍视机遇、崇尚自由的时代相契合的理论。整个十九世纪,社会学、法学理论都在调和政府与自由关系时遭遇挫折。人们对于一方面需要通过社会政治结构系统性地强力调节关系、指引行为,另一方面又将个人自由建立在人类意志基础上的矛盾体系颇感困惑。应该说,康德对于权利的体系建构,是在试图寻找一种能够一劳永逸解决问题的绝对办法。其理论体系的前提预设,在于对个人理性的绝对推崇,因此,法律的任务应当是调和不同理性主体依据自由意志所实施的自决行为之间的矛盾与冲突,康德建构的公正体系,目标就是通过这种普世原则,使得每一位行为人的意志与他人的意志得以共存。而这一理念,也以某种形式,成为十九世纪几乎所有法学流派的共同观点。随着黄金机遇期的过去,这种思潮也开始逐渐没落。

从哲学的角度来看,道德解读范式代表着康德主义对于历史法学派的影响,随着其在十九世纪不断发展并占据主流位置,康德的权利理论也开始成为法律发展乃至法律本身的解读范式。而政治解读范式,体现的则是黑格尔的影响。黑格尔认为,权利也是一种自由理念。他建构起了法律目标论——也就是说法律建构与运行的目标为何。正是基于上述目标,黑格尔发展出了自由理念,主张概括来说,存在就是意志自由的存在。从法学或政治学的角度来看,这就是一种自由或民主理念。

梅因*将法的发展概括为"从身份到契约"的这一经典阐述,标志着法院和律师们所掌握的政治解读范式的一个重要发展阶段。这一概括,如果从法律机制的角度来看,无疑是政治正确的。因此,获得了盎格鲁—美国法学思潮的普遍认同与接受,其在美国宪法学研究中的统治地位,甚至一直持续到今天。

---

* 亨利·梅因爵士(Sir Henry Maine,1822—1888年),英国历史法学派的奠基人和主要代表人物、著名法律史学家,著有《古代法》等著作。——译注

我们都还记得,1880年至1911年期间,出现了一系列认定"工资实物支付禁止法"(Truck Acts)*——针对商业零售业的劳动报酬立法——不合理且违宪的州一级的司法判例。1911年,纽约州最高法院认定"劳工赔

---

* "工资实物支付禁止法"(Truck Acts)的早期版本,主要规定的内容包括:劳工薪金必须由流通货币支付,禁止部分或全部用实物支付薪金。另外,禁止雇主与劳工之间达成任何明示、默示的协议,强制雇员在特定的地点,或者以特定的方式消费自己的薪酬,购买特定的物品,或者用雇主生产的任何商品抵扣薪酬。除此之外,该法后期修正条款还禁止雇主对于提前支付的薪酬收取利息。现实生活中,商业从业人员,只要从事的是劳务,而非简单的事务性工作,就可以适用之前的"工资实物支付禁止法",在任何情况下,都不得适用该法中所规定的不公平、不合理的罚金条款。但是,和在工厂、矿山、洗衣业中从业的工人不同,商业零售业的雇主往往可以自行其事,理由在于执法人员没有权力进入商业店铺执法。——译注

偿法"*违宪,1920年,美国联邦最高法院也作出判决,认定这一立法过于武断、缺乏理性,因此违宪。对于笃信"从身份到契约"这一历史法学理念的一代人来说,实在无法想象自由人订立契约的权利会遭立法限制,从而导致特定行业的从业人员,无法像其他具有类似正常心智的成年人那样自由达成合意。这无异于让隆隆前进的历史车轮倒退,让社会重归身份特权时代。但这种思潮并不限于司法领域。二十世纪最初十年,美国法学界的领军人物詹姆斯·卡特,就在由一系列讲座结集而成的《法:源流、发展与功能》一书中,对于历史法学派,特别是梅因鼓吹的从身份到契约这一观点,大加挞伐。

---

* "劳工赔偿法"(Workmen's Compensation Act)的早期版本规定,雇员有权就自己工作过程中遭遇的工伤事故向雇主起诉赔偿,但需要承担举证责任。——译注

更有甚者,不同学派的法学家都纷纷提出了自身对于康德主义中公平正义理论的解读。边沁认为,幸福,作为政治、法律机制的目标,构成了自由的基础。对他而言,和历史法学派类似,自由个体所获得的最大程度自决权,就是至高的"善"。斯宾塞*,如其本人所言,对康德学说深感不屑,甚至从未拜读过康德的著作。相反,他从孔德的实证主义出发,提出社会科学的现实就是社会法规与物理学家打交道的物理法则十分类似,并因此主张与康德主义"平等自由的法"完全不同的正义论。长达三个世纪中一直持续不断的机会自由,为那个时代的法学思潮打上了深深的烙印。

或许,早在旧时代结束之前,指引法的发展新路径

---

* 赫伯特·斯宾塞(Herbert Spencer,1820—1903 年),英国哲学家,所谓"社会达尔文主义之父",将进化理论中的适者生存观点应用于社会学领域。他的著作对规范、形而上学、宗教、政治、修辞、生物和心理学等产生了很大影响。——译注

的全新思维范式便已出现,甚至悄悄展开。其中的一些,本质只是既有陈旧司法、政治理论的全新应用。经济现实主义者、哲学无政府主义者以及社会个人主义者都积极摒弃陈旧的司法理念。然而,他们和形而上学法学派、历史法学派、功利主义法学派或孔德实证主义学派一样,都是从相同的正义理念以及法律目标开展论述。最高的善是个人可以自由自决。但其实现的路径,却与康德以降的主流政治思潮大相径庭。根据康德主义的法律观,民主理念无法自行实现。经济现实主义者倾向于通过保障自由,破除经济秩序,重新开创经济秩序。政治无政府主义者倾向于抛弃社会政治组织对于行为的所有要求。社会个人主义者倾向于通过政府职能的最大化,实现自由的最大化,而这显然与形而上学法学派、历史法学派、功利主义或实证主义所主张的最小化政府立场截然对立。虽然实现自由的路径不同,但上述思潮所指向的,大体仍然是自由本身。充满机遇的黄金时代,已经渐渐离我们而去。人们开始渴求对于欲望的满足,开始渴求能够满足上述欲望的机会,与此相关,被我们称之为社会哲学主义的新思潮,开始主导法的发展进路。

从1878年开始,耶林*引领的社会功利主义开始抬头。继而出现的是1895年施塔姆勒**主张的新康德主义,以及1901年科勒***所主张的新黑格尔主义。随之

---

* 鲁道夫·耶林(Rudolph Ritter von Jhering,1818—1892年),德国法学家,当代社会法学与历史法学派代表性人物。——译注

** 鲁道夫·施塔姆勒(Rudolph Stammler,1856—1938年),德国法学家,新康德主义法学派创始人。——译注

*** 约瑟夫·科勒(Josef Kohler,1849—1919年),德国法学家、作家、诗人,在比较法史方面颇有建树。——译注

而来的是法国学者惹尼*所主张新经院主义哲学,以及狄骥**主张的社会逻辑自然法观。这标志着法哲学的不同流派,开始貌合神离,乃至分道扬镳。二十世纪之初,沃德***推动的美国康德主义社会学派,谨慎,但鉴定地扬弃了斯宾塞将康德与孔德嫁接的视点。与此相对,美国法早在美国法学之前,就出现了类似的异动。十九世纪八十年代,美国各级立法开始不断对于自由个体的自决权设定重重限制,到了十九世纪末二十世纪初,此

---

* 弗朗西斯·惹尼(François Gény,1861—1959年),法国法学家,在实证法解读过程中首推自由科学研究模式,其鼓吹的对于成文法的司法任意解读,对于欧陆法产生了极大影响。——译注

** 莱昂·狄骥(Léon Duguit,1859—1928年),法国行政法学者,其观点主要源自孔德的实证主义哲学和法国社会学家涂尔干所阐述的社会连带主义理论。——译注

*** 莱斯特·沃德(Lester F. Ward,1841—1913年),美国社会学家,曾担任美国社会学会首任主席。——译注

类立法已经占据了相当大的比例。对于所谓权利滥用，美国司法判决也开始采取类似的限制态度。二十世纪二十年代，被学者称之为法的社会化的渐变过程开始彰显，标志着这一法的新发展阶段在欧洲大陆、英国以及美国获得承认。

在这里，仅仅能够对于目前已经得到确证，且显著背离"只要不侵犯他人自由的自由就应该得到承认"这一十九世纪理念的十二种观念中的某些类型、某些个案加以检视。我所选择的，是那些最先被呼吁、最先得到承认的观点，以及这些观点日后出现的某些扩展与延伸。其中的部分观点，是通过司法判例的形式提出的。另外的，则是通过立法实现的。相关示例的种类与数量，仍然保持增长。其中的主要类型或种类，甚至在短短一个代际就获得倍增。

首先，我们考察的是对于所有权人财产使用权的法律限制。六十年前，当我还是一名法学院学生的时候，对于所有权人在其产权物业范围内为了给相邻权人造成不便,故意挖掘水井、砌筑院墙或分割水域的行为,社会上的不满态度已经开始抬头。当时,对于美国司法态度或立场有着超人精准把握的格雷教授,曾毫不迟疑地宣称,认为所有权人的财产使用权仅限于有利使用的观点是不正确的,也不符合普通法。无论所有权人的动机为何,只要基于其自由意志,只要没有侵犯其他所有权人自由行使财产权利,就应该得到承认。而所有权人,才是"什么对自己有利"的最佳裁判者。现如今,为了给相邻权人造成不便而自由行使财产权的行为,已经遭到了立法与司法的一致禁止。其次,是禁止所有权人通过租约或包含限制性条款的协议采取自愿限制性措施的土地规划法。长期以来,美国各级法院都对于此类立法持反对态度,认为其在没有促进公共健康、安全或道德的前提下,任意、不当地侵犯了个人自由。现如今,这一法律却得到了一致支持与遵守。类似的情况,还包括限制在公路边设立危及交通安全的广告牌以及其他广告设施的立法。现在,如果沿着自家车道种植的观赏性雪松滋生了可能传染邻家苹果树的病菌,房屋所有权人将无法继续对此视而不见、听之任之,必须铲除这些染病的雪松。

在库克看来,作为盎格鲁—美国普通法的根基,行使权利的自由莫过于所有权。对此加以限制,不仅限制了自由权,而且限制了财产权。六十年前,对于法院能否、应否干涉所有权人抽光地下水,或者销售、使用流经其土地的地上水,开始出现截然不同的看法。现如今,出于确保社会资源这一公共利益的考量,所有权人使用流经其所拥有土地上的地上水的权利已经受限。对此,所有权人主张使用地上水可以给自己带来合法收益的主张,与主张这样做是自己自由意志的体现一样缺乏说服力。与此类似,保护社会资源这一公共利益的考量,还可以被用来作为限制所有权人抽取地下油气权利的正当性根据。现在看来,所有权人自由使用财产的权利,在程度上不能危及对其他人的日后需求的满足预期。因此,假设所有权人抽取自己土地下蕴藏的天然气用来制作炭黑,整个过程中的天然气的浪费程度,将高达百分之八十五,而如果这些天然气被相邻权人用来为住宅取暖的话,则几乎不会产生任何浪费,那么,就可能会出现限制甚至禁止所有权人以浪费资源的形式行使所有权的相关立法。在英国,很早之前,对于住宅租金的法律限制,已然深刻改变了该国保障自由与财产安全的相关政体,与此类似,世界大战期间,美国为了应对住宅紧缺的现状,也开始通过立法设定房屋租金的上限,目前来看,这一倾向已经变得十分明晰。

十九世纪的哲学家和法学家一样,都认为处分权,是指所有权人基于适当、明示的方式,将自己的财产转让给他人,或者在财产权上设置有利于他人的财产性权利的权利。事实上,在康德看来,处分权是所有权的核心,甚至他还尝试用其对于建立在原始取得与分配概念基础上的所有权进行哲学解读。但另一方面,在美国,很早之前就已经开始出现对于处分权的限制性立法,例如,在家宅法中,丈夫在未获得妻子同意的情况下,不得对于家庭住宅予以分割处分。后来,某些州还通过立法,禁止丈夫在未获得妻子同意的情况下,将其用婚前积蓄购置的家具用于质押。近些年来,我们还看到了限制甚至固定特定商品价格的立法。土地流转过程中禁止卖方过度使用该土地,从而维护购买者权利的做法,也通过法院的衡平判决,获得广泛接受与承认。本来,卖方可以通过书面土地流转合同加以明示,或者与买方达成在实现自身利益时需要受到某些限制的合意的方式行使财产所有权。现如今,所有权人行使财产所有权时所采取的限制性措施,如果涉及对方的种族或肤色,也将无法得到承认与执行。

权利法案,对于自由与财产,规定了相同的禁止任意褫夺条款。但我们发现,针对财产的自由权利,正在遭受各种各样的限制。另外,针对契约自由的限制,也逐渐显见。边沁认为,公众唯一关切的,应该是保证人可以自由缔结契约,同时保证此类自由缔结的契约得到遵守、执行。梅因也认为,虽然早期社会,人的权利与义务与其社会地位及身份存在必然联结,但随着法的进步,人们之间可以通过自由缔结的契约,重新界定彼此的权利与义务。如果梅因的概括是准确的,那么过去两个代际中,法的发展趋势显然与其背道而驰,这一反向而行的趋势虽然某些时候体现得并不明显,甚至有些畏首畏脚,但目前来看,已然无法逆转。对此,如下几个示例就足以说明问题,例如,公用事业部门与其客户之间的契约自由遭到了严格限制,对于保险人来说,法律通过格式条款的方式,严格限制了其可以向被保险人提供的保险范围,对于担保的司法限制程度,更有过之而无不及。十九世纪八十年代以后,雇主与雇员之间的契约自由,也开始受到立法限制。时至今日,其发展早已与当初不可同日而语。与此类似,在英国,针对雇员与雇主签订的同业禁止合同,或者禁止与雇主的竞争对手达成合作协议的司法态度,也发生了显著改变。二十世纪,围绕接受过雇主专业训练的职业人士不得在未获批准的情况下实施自己一技之长的禁止从业条款,也经历了重大调整。

最后,我们或许可以考察一下对债权人以及受到损害的当事人行使债权或求偿权的立法限制问题。相关的例子,可参考债务人的住宅属于债权执行例外性立法规定,作为债务人的户主可以保留用以维持家用的财产的例外性立法规定,以及规定分期偿付债款的立法、免除未清偿债权的立法、扩展破产收益范围的立法等。

值得一提的是,似乎可以将上述发展的基础,视为抗制机会主义的一种概括性的安全保障。但到了二十世纪三十年代,这种解释明显变得漏洞百出,令人无法接受。针对自由的全新态度,以及对于自由个体自决权的全新主张,开始变得愈发重要。新的发展进路,已经初露端倪。我将其中的一条路径,称之为法的"人道之路"(The Humanitarian Path),这是一种建立在新的安全观之上的法的进路。我还建议,将另外一条路径,称之为"威权之路"(The Authoritarian Path)。这意味着个体自决权在更大程度上被让渡于政府,高度计划性的协作关系取代了个人主动性,最终走向将是万能的官僚政府机制。

二、

人道之路

所谓"人道之路",是一条走向更新、更全面安全理念的法的路径,这条路径所对应的,是一个机会不再充分的时代,在这个时代当中,人类无法仅通过利用机会的自由,完全满足自身合理需求。尽管到处都存在基于自由意志追求自身目标的机会,但这里谈到的安全,是指一种遵守秩序的个人意志之间的竞争关系,即在冲突、浪费最小化的基础上,确保存在竞争关系的个人自决和谐并存。一旦这样的一种生存竞争无法为每个人提供唾手可得的机会,一旦对于自然的征服极大提升了人类的希求空间,但同时却未给人类提供与之匹配的欲求满足手段,平等就不再意味着机会平等。安全也不再意味着机会的利用自由。人们所主张的满足需求的平等,无法通过自由本身加以实现。因此,人们开始在这样一个时代,根据自由本身无法满足其欲求的标准,寻找获得充分生活安全的道路。对于人与人之间所谓公正关系的渴求,使得我们开始通过一种理想关系的达成,而非达成这种关系的手段进行思考。这就意味着,人不能再被刻画为可以自由达成上述目标的存在,而应该被刻画为一种可以理想存在于上述关系中的存在。在这个意义上,安全意味着排除任何干扰形成理想人际关系的外在因素,意味着让大多数人都从未认识到自己生活在这种理想人际关系之中。

所有人之间都能达成这种理想关系的世界,就是理想世界。以实现这一理想为目标的法的发展道路,可以被称之为法的人道之路。

毕竟,我们不得不承认,世界中的每个个体,都必须服从适者生存这一达尔文定律,而文明,则是对人类之间这种不可避免竞争的一种调和。因此,法律必须能够提供一种责任体系,通过这一体系,社会个体之间存在的紧张关系得以修复,并且通过设定、执行修复义务,维持理想的人际关系。这虽然不是法的全部任务,却是其重要的核心任务。随着新的自由理论的出现,法的人道之路,开始与传统的自由之路分道扬镳。

如果法的任务在于维持、促进自由,法学家与立法者所遭遇的难题,似乎是所有个体对于自由意志的贯彻,应当与其他人对于其自由意志的贯彻保持平衡,也就是说,如果允许其他人从事特定行为,特定个体实施该行为的自由就不应受到限制。司法条件的动线,也就变成了预防、修复个人自由及财产遭遇的恶意侵犯。借此,希望达成平等与安全。我们可以将其称之为过错责任理论。由此来看,虽然这个状态下的法仍然可以被视为基于所谓自由之路的发展路径,但其已经开始逐渐向将维持整体安全作为责任的基础转变。对于安全的认识,开始从确保免于受到安全、健康等威胁,转变为根据通行的社会、经济秩序满足需求,再到确保基于经济秩序从事的合法交易的稳定性。随着新的安全观的出现,新的责任理论也呼之欲出。可以被视为属于人道之路的法律程序有两例:保险理论,以及所谓"善良的撒玛利亚人法"*,但实际上,前者往往被用来为后者提供正当性根据。

有必要用些篇幅,回溯下这些理论的流变过程。1889年,当我学习侵权法时,侵权责任理论还十分原始,侵权,往往被视为一种过错结果。具有可责性地造成损害的人,必须弥补损失。在分析历史法学时代,法

---

* "善良的撒玛利亚人法"(Good Samaritan laws),是关于在紧急状态下,施救者因其无偿的救助行为,给被救助者造成某种损害时免除责任的法律条文。美国联邦和各州的法律中都有相关的法律条款,有的叫"好撒玛利亚人法",有的称"无偿施救者保护法"。——译注

沿着当时被普遍接受的自由之路前行,的确,在大陆法系,过错原则饱受攻击。在普通法系,盎格鲁—美国法中残留的对于导致损害一方认定严格责任的观点也引发争议,同时,1865年的一个英国判例,还在其基础上建构出一种新的侵权责任类型。针对这一判例出现的争议,始见于1873年新罕布什尔州最高法院首席大法官杜伊(Doe)对其言辞激烈的批判,另一方面,1876年至1886年这十年间,纽约州、新泽西州与宾夕法尼亚州法院却先后对于这一英国判例表示认同。到了1890年,随着英国本土对于这一判例的质疑声浪日起,加之学界意见的日趋一致,相关争议似乎趋于尘埃落定。当时,人们认为,侵权责任中需要考察的要素只有两个:可责性与因果关系。但是从1896年至1916年这二十年间,除了最早对于这一判例表示接受的两个州之外,又有四个州接受了这一英国判例。无独有偶,在英国,尽管与学界泰斗的意见截然相反,法院不仅仍在适用这一规则,而且还有对其加以发展扩大的趋势。到了二十世纪初,相关争议开始尖锐化。由此不难发现,一系列责任原则已经被精密地建构起来,而上面提到的新的概念范畴,尽管争议不断,但也在这个体系中站稳了脚跟。因此,我本人在1921年至1922年间,本着对其接受的态度,提出了三要件的侵权责任理论体系,并在此后二十余年间,对此坚信不疑。大约在1942年左右,我重新为此问题感到困扰,本人在1943年出版的《法理学讲座论纲》(*Outlines of Lectures on Jurisprudence*)第五版也无法令人感到满意,毕竟本来可以进一步建构起一种经得住现行法检验的侵权责任体系。我无法肯定现在是否可以做到这一点,但是可以肯定,似乎需要摒弃既有的侵权责任体系论,至少有迹象表明,我们似乎应该开始考虑摒弃既有的侵权责任体系了。

现在,让我们首先回顾一下二十世纪之前责任理论的发展。同时,我们必须时刻提醒自己,这一问题的哲学根据发端于十七、十八世纪的理性主义自然法观,进而在十九世纪凭借形而上学——历史法学派得到进一步发展,但遭遇到了当下法学家的有力质疑。将我们现在的所见所思,以精确的形式、时点,假装为当时立法者、法官、法学家思考过错法的前提预设,显然有鱼目混珠之嫌。但是,在经典罗马法时代,从罗马帝国初建到公元三世纪,法学家们都十分关注法哲学。他们认为,自己正在做的,以及努力所做的,依据的都是这些原则范式。如果我们发现,罗马法学家们不断发展的原则,代表着通过理性发展起来的经验,同时还代表着通过经验证实的理性,就不能说这样做有什么不对。

如果我们将理论视点回溯到当今划世界而治的两大法系创建之初,或许可以认为,最早的责任理论,是指加害方自行,或者通过其他有权方,以某种方式消减受害人对自己的愤怒的义务。在盎格鲁——美国法律体系中,有一句法谚颇令人印象深刻:"或者买走对方的武器,或者随身自带武器。"也就是说,或者通过支付对价的方式让对手放弃复仇,或者做好准备对抗对手的复仇。对于加害方,或者为了保护实施了加害行为的自己的亲人、家人或饲育的动物而被夹在中间的第三方,或者对于损害做出补偿,或者承担受害方的报复。随着法律禁止复仇,受害方开始可以主张经济赔偿。从这个意义而言,这变成了承担责任一方的义务,而非诸如决斗等权利。在伤害案件中,造成伤害的一方当事人,或者造成伤害一方的监护人、控制者,在交出加害人或加害的动物之外,只有一个选择,就是提供经济赔偿。曾几何时,补偿的根据,从受害人的仇恨程度,变成了受损程度。对于仇恨的补偿,变成了对于伤害的补偿。通过惩罚侵权获得金钱,是罗马法责任的起点,惩罚性赔偿理念也自此走入罗马法。普通法中对于侵权行为"不承认之诉"的发展流变,也大体与此类似。

后来,基于过错的道德责任理念取代了早期原始责任形式。借由理性发现的自然法理论,认为实在法仅仅具有道德宣示的效果,因此法律与道德具有实质类似性。道德责任,变成了法律责任。侵权行为中最为重要的问题似乎变成了弥补因为故意侵犯他人所造成损害的义务。但是,随着社会的发展,整体安全同样受到过失的影响,即在没有尽到充分谨慎义务的情况下,置他人于不合理的危险状态之下。在罗马法中,这一问题本来可以通过"阿奎利亚法"*中的过错原则加以解决。这一原则在罗马共和国制定的早期成文法中适用于错误导致的损害,但不包括故意实施的侵权行为。过错本来可以包括故意以及过失。在自然法时代,在当代罗马法中,责任理论属于道德责任:过错方必须对于其过错

---

* "阿奎利亚法"(Lex Aquilia)是一部制定于公元三世纪的罗马法,主要规定对于他人过错给所有权人财产造成损害的情况下如何补偿的问题。——译注

导致的损害做出补偿。这最终发展为《拿破仑法典》*中的下列规定:"任何人实施了对于他人造成损害的任何行为,都应对其承担补偿责任。"

根据普通法,对于他人人身或财产直接造成侵害的侵权行为人,应对此承担绝对责任的观点,在十七世纪占据主流地位,仅仅在直接侵权与间接侵权的程序性区分之中,这一观点才被暂时搁置。但是,十六世纪,自然法理论在英国也取得了高歌猛进式的发展。1578年,库克宣称自己在首次担任律师所代理的"克伦威尔爵士案"**

---

* "拿破仑法典"(Code Napoléon),广义指拿破仑统治时期制定的五个法典,以罗马法为主包括民法、商法、民事诉讼法、刑法、刑事诉讼法;狭义仅指其中的民法典。法学著作中常使用狭义概念,即1804年之"法国民法典"。——译注

** "克伦威尔爵士案"(Lord Cromwell's Case)是一起涉及诽谤的案件。本案原告为某地乡绅克伦威尔爵士,其指控在与其发生纠纷过程中,某地牧师丹尼先生对其进行了诽谤,事实却是克伦威尔曾雇用两名冒名教士骚扰丹尼牧师。库克在本案中担任被告丹尼先生的律师。——译注

中,曾成功说服王座法庭判令一项有悖于普通法权利和理性的成文法无效,该法规定,"本人未实施冒犯行为者,不可罚。"基于类似立场,很多州法院在二十世纪初,纷纷认定"劳工补偿法"违宪。侵权责任的基础,必须是过错。无论是在普通法系,还是在罗马大陆法系,这都是基本的教条。而这也必须成为我们现在反思责任理论的法理原点。

十七、十八世纪盛行的自然法,在十八世纪末,受到了来自于康德主义的迎头痛击。对此,布莱克斯通的贡献仅仅停留在口头上而已。但是,康德主义并未在盎格鲁—美国法律思想中,以及后来在大陆法系语境下取其而代之的形而上学法理学之中,获得一席之地,尽管康德主义通过所谓"学说汇纂派"（Pandectists）以及历史法学派,间接地影响了英美主流学者,但却从未在英美法系取得话语权。然而,一种法哲学思想不会始终低潮。二十世纪,康德主义法哲学迎来了新生。十九世纪末二十世纪初,某些社会哲学思潮为这一阶段的法学发展贡献了有利的理论根据。我本人并非黑格尔或所谓新黑格尔主义信徒,但我却发现,科勒对于特定时空条件下文明的法学根基的理论假设极具价值。1922年,我提出法学研究的五条理论假设命题,这五条以文明社会中的人在日常生活中想当然地加以接受的若干生活信条作为前提,并对其加以固定,从而作为法律秩序的前提。其中的三条,在十九世纪被视为弥补他人损失的责任规则的根据,分别是:

1. 在文明社会中,人必须能够推定他人不会故意侵犯自己。对此,还必须做些补充说明。除非能够证明自己所作的符合被广泛承认的社会或公共利益,否则从事形式违法行为的人,必须为其对他人造成的违法后果承担责任。这一观点,在十九世纪后半叶被谨慎地提出,在二十世纪初引发激烈争论,到目前为止,也不能说已经得到了普遍的承认。但我却对此十分满意,因为其代表了时下的真正法律精神。那些否定这一观点的人,过度强调了个人的自决权。

2. 在文明社会中,人必须能够推定他人会理性、谨慎行为,从而不会在未尽到谨慎注意义务的情况下,对其造成不合理的损害风险。

3. 在文明社会中,人必须能够推定他人会自行或通过代理人,将原本有害的行为维持在无害的范围内,或者将原本容易遭到滥用的行为限制在合理的范围内。这一理论假设,正是二十世纪之初侵权法各派理论的竞技场。而我选择美国法学会所编《侵权法重述》(The Restatement of the Law of Torts)中所列观点,作为将此列为理论假设的论据。

因此,我们可以这样认为,截至二十世纪中叶,行为人可能需要在如下三种情况中承担相应责任:(1)在缺乏正当性或权利基础的情况下,故意侵犯了他人的人身或财产权利;(2)过失侵害了他人的人身或财产权利,也就是说,因为没有尽到法定的注意义务,从而导致他人的人身或财产遭受损害;(3) 在使用容易失控造成损害的物品或中介时,非故意、非过失地侵害他人的人身或财产权利。

最后一种情况,并没有不证自明地被列为过失责任一类,理由在于,对于雇员或代理人的行为所承担的责任,对应的是权力,而非授权。赋予某项权力,可以使得该人在雇员或代理人的职责范围内无害,但在此范围之外的其他领域却具有潜在危害性,而其本身具有超越职责范围的倾向性。对于这一问题,无法通过代理责任中的"表见代理"* 理论加以解释。如果雇员从事的行为超越授权的职务范围,就无法认定其与雇主之间对于超

---

* "表见代理"(Alter Ego),是基于被代理人的过失或被代理人与无权代理人之间存在特殊关系,使相对人有理由相信无权代理人享有代理权而与之为民事法律行为,代理行为的后果由被代理人承担的一种特殊的无权代理。——译注

越的部分存在代理关系。进一步而言,像布莱克斯通那样,认为在没有过错的情况下牛脱缰,或者陌生人错误地解开牛的缰绳的情况,一律属于饲主未尽到谨慎看管义务的论断,严重妨碍了过失责任理论的发展。不是过失导致责任,而是通过责任认定过失。事实上,有观点认为,假设2中所列情况,未必一定属于过错责任。注意义务的标准是客观的。行为人或许并未满足这一标准。尽管在智识或反应速度方面存在的限制或不足不是行为人的错,但其行为仍然可能因为没有满足法律规定的注意标准而被认定属于过失。或许最多只能认为,如果行为人在未能满足标准的情况下进行选择,这种选择本身就具有过错。

另一方面,像普通法曾规定的那样,如果损害结果的全部或部分,是由于受害人过错导致,或者不是任何人的过错所导致的,则无需对其加以赔偿。针对存在受害人过错的情况,罗马法,以及其之后的大陆法,一般会对于损失加以分割。而判例法国家,则将这一情况浓缩为共同过失问题,相关立法则更为激进。针对没有任何过错而出现的损失,罗马法一直认为,我们每个人必须接受作为人生活在这个社会所应当承担的风险。对于这种看法,最早出现的睚眦,就是劳工补偿法中所规定的,即使在无过错的情况下,雇主仍然需要为雇员在工作过程中出现的伤害结果负责。而这又在某种程度上扩展了我的第三个理论假设。但值得一提的是,目前出现了突破这一理论假设及其逻辑推论的思潮动向,这一思潮动向所依赖的理论前提,很可能导致整个责任理论发生深刻变革。

上述三种理论假设以及从其推演出来的责任理论,与维持和平安宁的公共秩序、推动公共安全与机会自由的政府类型密不可分。在英语系国家,直到最近几个世代,安全都一直意味着免受他人的攻击或其他错误行为的侵犯。但现如今,安全的意义无疑要宽泛得多,虽然宽泛的确切程度还很难说。不过,有一点可以肯定,其开始包括保证行为人免受自身过错、不成熟、坏运气甚至性格缺陷所导致的不利结果。无论从哪个角度来说,现在的政府都要比我之前提出那三个理论假设所属时代的政府插手范围要大得多。这就导致我提出的第三个理论假设的基础,开始超越普通安全的范围。事实上,这并非简单的超越,而是一种建于其上的全新思维范式。任何新的思维范式,在被经验充分证明之前,都会在探索试错期间,给我们以东施效颦之感。在这个意义上,发展完善中的人道之路,似乎认为无论损害如何造成,都需要用某人的资源,弥补所有人的损失。其似乎推定,在文明社会中,每个人都可以预期享有一份完整的经济、社会生活。为了达成这一预期,为了保证被人们所预期的完整的经济与社会生活,法律似乎越来越关注每一位受损的受害人,越来越关注不管什么原因无法达成上述预期的人,越来越倾向于扮演前文所提到的

"善良的撒玛利亚人"的角色,将受害人从沟里拉出来,帮助其包扎伤口,资助其盘缠并送其一程。

四十年前,当时被称之为责任保险理论的观点甚嚣尘上,作为既有的法的人道之路的补充,这一观点认为,应当通过一种大众分担的保险机制,对抗人类会普遍遭遇的伤害或损失。具体来说,这种观点认为,可以通过让更有能力的人承担直接责任的方式分担这一风险,该责任人随后可以通过收取服务费或者抬高其所生产、制造的产品价格的方式,将这种成本转嫁给社会大众。

在法的人道之路发展过程中,的确出现过将不幸个体所遭受损失直接转嫁给社会公众的真实案例。很久之前,政府对其治下官员错误行使职权给公民个人造成的损失不予赔偿,而是由该官员对此承担个人赔偿责任。但一个代际以来,全世界范围内的相关立法,都开始倾向于规定,应由政府资金对于政府行为给公民个人造成的损失加以赔偿。美国的相关法律,就规定了政府需要扮演代位赔偿人的角色。公用事业或大型企业的从业人员,在履职过程中,故意或过失造成损害的,因为现行法律对于受害方或债权人规定的诸多限制,导致债权人或受害方很难从造成损害的从业人员个人那里获得满意的补偿或赔偿。因此,上述观点认为,旨在服务大众的活动所造成的损害,理所当然应当由大众分担。如果我们能够接受狄骥的观点,认为国家不过是一间大型公共服务公司,适用代位求偿的理论扩展责任理论,就变得可以理解了。

然而,如私营雇主需要为其雇员在工作过程中造成的损害承担责任那样,责任仅仅针对错误行为而存在。因此,这并不算在没有过错的情况下,仅仅基于因果关系就扩展认定政府需要承担绝对责任。社会安全、健康保险、失业保险以及养老年金,至少应当并行不悖。但这些并不属于任何类型的法律责任。立法还从社会安全的角度出发,制定了很多不要求犯意的犯罪。即使行为人已经尽到了充分谨慎注意义务,所作的也仅仅是将其认真生产、仔细检查的无瑕疵产品推向市场,但却出现了缺陷并且造成了伤害结果,危及他人健康或安全,仍然需要依法承担相应的处罚。

时至今日,民事领域的绝对责任,已经不限于上面提到的这些情况,而是出现了进一步的扩展。

借由司法对此加以扩展的早期案例之一,就是所谓的"家用机动车原则",正如某法院的判决所言,"在一位父亲为了家庭成员的舒适、幸福及享乐购买了机动车的情况下,自然法理念要求车主为该车的过失驾驶承担责任,因为只有这样,作为一种基本原则的公正,才能得以实现。"有观点认为,代理原则与这些判例无关,而是完全建立在自然正义的基础之上。有些批评意见认为,在当下能够拥有一辆汽车,意味着其拥有某种可供分配的经济剩余。但是,其主要目标仍然是为了维护整体安全。美国有九个州适用这一规则,有十四个州排除适用这一规则(其中有四个是先适用后排除)。后来立法规定,车主需要为在其授权同意下使用该车所造成的危害结果承担过失责任,而这一立法把握住了此类责任的司法认定走向。

最近提出的对于绝对责任的司法扩展包括:对于因脱离制造商控制之后的某种情况给最终购买者造成损害的,不再要求过失。取消合同工这一类型,转而对因为其过失所导致的损害结果,或者通过其代理人或雇员过失导致的损害结果,认定监督者责任。取消因果关系的要求,即使一位自杀者故意撞向正常行驶的汽车而死亡,车主仍然需要对于死者家属承担赔偿责任。这些观点中,一部分坚持保护公共安全的理念,而另一方面则基于保险理念。有一点可以肯定,就是越来越多的观点开始将立足点放在纯粹的人道主义立场。

整体而言,推定立法改变的观点的前提预设是,对于商品生产者认定责任,从而排除过失责任的要求。在最近的判例中,一位当下最为杰出的州法院法官援引现已众所周知的"麦克弗森诉别克汽车有限公司案"*作为法源并提出,应当将产品生产者的责任范围,扩展到被其推向市场流通的产品的购买者所遭遇的相关损害结果。对于这种观点的最佳陈述,莫过于其判决原文,"我认为,不应将产品制造者的过失,作为原告求偿权的基础。在我看来,如果产品生产者明知被其推向市场的产品将在未经检查的情况下被加以使用,同时事后证明其产品缺陷给受害人造成了损害结果,就应该让生产者对此承担绝对责任。"

这一看法超越了我之前提出的第三类理论假设,即针对尽到所有谨慎注意义务的相关原则,如针对动物饲

---

* "麦克弗森诉别克汽车有限公司案"(*MacPherson v. Buick Motor co.*, 217 N.Y. 382, 1916)是卡多佐担任纽约州上诉法院法官时经手的著名判例,废除了对于合同当事人过失行为的义务要求。——译注

养者在没有过错甚至没有过失的情况下,其所饲养的牛侵入他人领地,或者其所饲养的猛兽脱逃伤人等法律规定。根据我的假设,任何饲养有造成损害危险动物的人,尽管已经尽到了所有的注意义务,但仍需为在此情况下其所饲养的动物失去控制造成损害承担赔偿责任。现在讨论的问题是,商品生产者并没有保有任何物品,也没有什么失去其控制,他只是想将自己所生产的产品投入市场,最终流转到希望使用该物品的购买者手中。如果在这个过程中,商品生产者没有尽到谨慎注意义务,使得他人面临不合理的风险,就需要因此承担过失责任。如果商品在投入市场时就具有潜在的缺陷,如果在这个时候产品生产者对该商品具有完全的控制,如果不是因为普通过失,上述缺陷凭借一般经验就能够被发现从而可以得到及时处理,那么,适用普通的过失原则,辅之以事实自证原则,就可以得出令人满意的结论。但是如果我们能够获知的全部事实,仅仅是带有缺陷的产品在原告手中,且原告因此受到损害,但并不知道缺陷是在何时、以何种方式产生,也无法证明上述产品缺陷在被告人手中的时候就已经存在,那么我们就必须发展出另外一种责任原则。

然而,必须承认,产品生产者可能已经预见到产品存在某种风险,同时可以采取措施防止这些购买者无法,或者不容易防范的风险发生。因此,上面引述的司法观点认为,"那些因为购买了缺陷商品而遭到损害的购买者,对于此类结果的出现毫无准备可言。对于受害人个体而言,因为受到伤害所需付出的代价,或者在健康、时间上导致的损失,都是无法承受之重。同时,这种代价还是完全没有必要的,因为产品生产者完全可以通过投保的方式,将风险分散给公众,从而永续经营。"针对生产者投保权,有人会说,购买机动车的人很有可能已经自行购买了意外险。但这种观点显然不适用于购买可口可乐或其他碳酸饮料的消费者,而这些消费,才是晚近大量适用"麦克弗森诉别克汽车有限公司案"的问题域。通过大量投放碳酸饮料获利颇丰的生产厂家,显然有足够的资源购买保险,对此,认为商品制造者具有向大众分散风险的能力的观点,和一个代际之前一样具有说服力。

的确,我们前面所引用的这一司法观点对此有所限制。其谈道,"当然,产品生产者的责任,应当被限制在该产品正常、合理的使用范围内,不能将其扩展到任何无法被归因于生产者投入市场的商品的伤害结果。"为什么?如果损害结果可以归因于被投入到市场的某种产品,而该产品在此之前处于生产者的完全控制之下,则原告的主张完全是不证自明的。这种意见还可以被理解为专门针对产品的保证责任。但这一观点并不具备任何理论分析或历史意义的基础。如果将其根据建立在社会欲求的基础上,将如此重要的一种法学理论话语转换完全交由立法者负责是否合适,就变成了一个十分严肃的问题。假定其在此段表示之前的陈述为真,那么案件判定根据的是产品保证责任,还是针对产品生产者认定严格责任,就变得无足轻重了。我们不仅会问,此类案件背后的理念,是否是在法院看来,与其让购买者承担损失,莫不如让生产者承担责任,当然,这取决于个案的诸多具体情节。就好像突然我不再是我弟弟的监护人,而变成了其保险人那样,如此剧烈的社会秩序变革因当由立法机关,而非司法机关加以完成。

值得一提的是,尽管主管行政机关与法院都在努力扩大弹性,劳工赔偿的现实样态却并未如我们所考察的上述观点那般发达,仍仅适用于雇佣关系存续期间出现的损害结果或工伤事故。但另一方面,劳工赔偿范围业已大幅度扩展至受雇者本人过错导致工伤损害这一早先当然不予赔偿的情况。更有甚者,一直有观点和呼声,敦促将所有公路交通事故都交由特定行政委员会参照(实际已远远超越参照的程度)劳工赔偿的做法予以处理。

我们可以通过诸如"纯正食品与药品法"*中规定的刑事绝对责任来对于上述观点加以佐证。该法的目标旨在通过加大打击力度,刺激生产者充分尽到监督生产过程,检查原料以及成品、半成品的谨慎义务。因为该法规定的刑事责任属于绝对责任,唯一避免承担责任的办法,就只能是生产者尽最大的谨慎避免缺陷发生。但是,如果这样立法的目标,是为了确保公共安全,单纯通过刑事立法是否可以达成上述目标?为什么不规定一种需要在不存在过错的情况下支付成千上万美金赔偿的绝对民事责任?加上之前存在的过失责任,这样的一种立法规定,可能会让企业不堪重负。我们再一次感

---

* "纯正食品与药品法"(Pure Food and Drug Acts),是美国国会在二十世纪最早制定的消费者权益保护法之一,目的旨在禁止跨国或跨州贩卖受到污染或者标识与内容不符的食品、药品。——译注

觉到"纯正食品与药品法"表现出来的明确态度,服务型国家正在崛起,而相关立法背后的立法根据,正是人道责任理论。

在使用、管理或者没有尽到充分监管义务等问题上,法国民法典以及其他大陆法系的当代立法,与美国适用建立在过错责任理论基础上的代理人责任所得出的司法认定结果实质无异。只是如今的用工环境,使得过错原则丧失了用武之处。因此,存在仅仅通过保证公共安全才对于雇主施加巨大压力的理论解说。从这个意义上来说,目前所讨论的判决意见建立在本人之前提出的第三个理论假设基础上,这一理论如前所述,还可以作为"纯正食品与药品法"乃至相关英国立法的佐证。另外,正如上面提到的那样,这一理论前提无法扩展适用于在责任认定过程中取消过失要求的"麦克弗森诉别克汽车有限公司案"的说理部分。这似乎呼唤一种让我们大家承担可能与我们的生活相伴生的风险或损害的理念。但在福利国的语境下,政府开支已然严重透支,财政收入难以为继,无法继续增加支付项目。因此,目前让政府为所有无过错情况下出现的损害结果埋单,还存在不可避免的巨大障碍与阻力。

我曾经在其他地方谈到,这一目标现在来看,也并非绝对没有实现的可能,同时我还提出了具体的实现办法,就是通过提高服务价格,或者提高商品价格的方式,将生产者所承担的损失分散给社会公众。这是否意味着我们应该建构起另外一种责任前提,也就是说,"人必须承担无过错导致的所有损害结果,这是我们日常社会生活的一部分,损害结果首先由有能力立即支付的一方承担,再由其通过收取服务费或者提高产品价格的方式,转嫁给大众,最终由社会加以分担。"

但是,在当今这个服务型国家的官僚体系中,通过雇主、公共机关或工业企业将无过错引发的损失转嫁给公众的办法存在问题。某局或某委员会固定了服务费率,另外的什么机构则可能会固定产品价格,还有其他的团体试图控制工资或工作时长,由陪审团或者某个行政机构认定责任,确定损害赔偿的具体数额。上述机构各自为政,缺乏行之有效的协调机制。控制价格或税率的一方十分积极地试图降低公众负担的水平,负责责任认定的部门则十分积极地试图让相关方获得最大数额的赔偿。沿着所谓法的人道之路不断抬升的纳税人负担会给工业企业带来巨大压力,其实际运行的结果肯定是谁承担责任方便就让谁承担。在这个意义上,再讨论企业将其承担的责任分散给公众,将变得没有任何实际意义。

目前似乎正在形成的一项法律前提是:"在文明社会中,人有权要求政府防止其受到任何损害,即使这些损害是因为人自身的过错或不足导致的,为了实现这一目标,法律应当规定,损害赔偿责任应当由被公认承担责任的最佳对象所承担。""各取所需,各尽所能"这一马克思主义学说意味着什么？还有观点认为，陪审员基于之前提到的相关法律前提进行判决的倾向，应当是坦诚面对在这些案件中实际适用法律（如认定严格责任）的关键理由。正视生活的事实真相有其优点。但是如果我们转而选择一种大包大揽的责任模式，同时坚信这样做我们可以承担弥补我们同类所遭受的所有损失的义务，算是正视事实吗？让那些在没有任何过错归因的情况下遭遇损失的不幸受害人自行承担损失，显然不能令人满意，简单地强制推行"善良的撒玛利亚人法"来实现更高的人道目标，就好像希腊戏剧家使用机器生产的神一样，难以具有任何说服力。对于人道主义目标的实现而言，应当存在更好的实现路径，而非像罗宾汉那样的劫富济贫，或者像受到感化一心向善的小偷，将从身边人偷走的钱包放在教堂盛放施舍品的银盘上那般伪善。

对于法律而言，将自己的适用范围扩展至最近被人所知、所接受的理念,绝非易事。在这个过程中,必须大量实验,大量试错。长期以来,法律都十分重视个人生活中的社会利益,因此,侵权法就变得需要在维护整体安全与饱受刑法侵蚀的个人生活之间维系平衡。这就意味着,我们似乎必须放弃对于义务的分析框架,在契约法领域保持严格意义上应被称之为合同义务的义务,在特定职务、职权方面保持所谓官方义务,对于不当得利保持恢复原状的义务,在信托领域保留忠实义务。另一方面,在被我们称之为侵权的方面,则应当有所保留。我们是否需要新提出一类特殊的侵权义务?是否需要进行三方面的区分?是否可以将其分别称之为契约性义务、侵权性义务以及人道性义务?仅仅在程序法的意义上,我们才将人道义务(可以这么称呼?)与侵权义务等而化之。或者我们可以说,新设定的义务类型要求我们超越有效法律行为的界限?并非所有社会控制措施都可以通过法律实施。在我看来,通过行政机关实现的人道主义效果,远胜于通过司法机关实现的效果。

　　请多多理解,我在这里,并不是为所谓服务型国家背书。现在这个社会所要求的服务,已经超过了只能维持安全、提供补偿的政府的能力范围。与我们共存的,是一个提升公共福祉的特定行政机构。根据法律,此类行政机构还可以提供新的服务。更有一些关于福祉的服务,可以通过法律之外的途径,借由行政机关而非司法机构加以实现。对于国家无法提供的服务,可以交由非政治性社会控制机构负责处理。摆脱贫困、摆脱生存需求、摆脱恐惧,同时有效缓和因为通过自身能力无法实现愿望而产生的挫败感,都是值得歌颂的人道理想。但这些理想中的大部分,即使不能说超越了人类的能力范围,也肯定无法通过法律加以实现。

三、
威权之路

之前谈到,存在两条法的发展路径:一条是人道之路,法学沿此路径,业已取得一定进展。另一条是威权之路,一条与我们过去所经历的截然不同的法的发展进路。到目前为止,威权之路仍然在很大程度上停留在理论建构阶段,并未真正落实。威权之路或许可以与人道之路并驾前行;或者可以助人道之路一臂之力,使其走得更远;又或者被人道之路证明仅仅属于一种法的初级发展阶段。现在,我们的法律发展,难道已经指向根据偿付能力,让更有能力的人承担责任、支付损失的方式,确保社会中的每个人获得充分的生活?抑或我们的法律发展,指向的是通过一个社会政治组织控制所有个人活动与生产活动,同时通过这个社会政治组织为每个人提供服务,就好像在服务型国家语境下所讨论的法的发展进路那样。后者曾经一度有所展现,也就是说,法律体系逐渐消失,转而由隶属于不同层级的行政官员通过自由行使职权来提供相关服务。这种发展道路虽然被苏联官方所放弃,但也只是换汤不换药,官员的自由裁量权以及其法律发展的事实进路并未改变。服务型国家的支持者们,仅仅部分解决了十八世纪社会个人主义存在的矛盾之处。社会个人主义认为,国家控制的最大化,会带来自由的最大化。现在,对其加以修正的版本认为,对于个人生活关注的最大化,要求通过管理个人的公权力之最大化,从而实现人类整体需求的最大化满足。但观点的修正,并未解决社会个人主义的内在矛盾。例如,服务型国家试图消除阶层优越感,承诺满足每个人进入最受尊敬社会圈子的愿望,但这样做,导致人们无法自由选择与其发生亲密关系的对象。为了避免社会个体出现失望情绪,类似于大学内的社团或者大学室友等亲密关系变得根本无从自由选择。现在,关于对加利福尼亚州立大学系统内兄弟会以及私人宿舍规则加以修订的呼声,其法律原型只能在"摩奴法典"*中才能找到,该法规定,如果召开宴会的人没有邀请最近的两位邻居,就该当处罚。

作为一名法律人,我从不关注所谓服务型国家或全能政府,除非有迹象表明,或者事实上已经证明,其与法的威权之路有染。服务型国家的优劣短长,应该由政治学家或者经济学家来加以评判。我必须思索的,是其对于法,以及对法律职业所产生的影响。每每听到有人鼓吹所谓"社会化的法""社会化法院""社会化程序"等法的威权论调时,就能感受到服务型国家理念对于法的影

---

* "摩奴法典"(The Laws of Manu)是古代印度婆罗门教的经典,系以摩奴法经为基础所修补之法典。——译注

响。这里所谓"社会化",是指在极权国家,如现在的苏联,官员享有不受制约的莫大的权力。对此是否有必要充分承认,以及是否可以用其保障社会利益,我深表怀疑。这种"社会化",在服务型国家理念构建之初,得以严格贯彻,同时,其作为法的威权之路的核心特质从未遭到质疑。库克曾鼓吹,在英国,法的社会化不会侵犯公民的生命权、自由权、财产权或继承权,也不会因为法的社会化造成任何形式的压迫与政府失灵,相反,其会通过普通法的司法得到不断修正。当下对于服务型国家的经典解读则告诉我们,私法,即调整普通人关系,同时将行使公权力的个体置于与普通自然人平等而不是更高地位的法律,正在被公法,即将公权力行使者置于更高地位的法律,所逐步取代。

服务型国家,这种将整个社会的福祉作为管辖范围,试图通过国家行为解决经济、社会问题,而不是通过保障整体安全的方式维持安宁和秩序的国家治理模式,

"一战"后在美国得到了长足的发展。这种法的进路,更早的时候出现在罗马法当中,后来还与十六世纪前后出现在欧洲大陆的高度集权政府存在密切联系。但是,虽然有些英国学者曾经呼吁关注这种法的发展道路在十九世纪末是否还存在适用可能,但因为服务型国家理念与此前业已根深蒂固的法律模式、政治思想格格不入,导致很少有人会综合各种迹象,考察其对美国目前法律发展的影响。与此同时,这种治理模式进步神速,影响到了诸多工业领域以及官方所提供的大量社会福利项目的方方面面。

我这里将其称之为服务型国家,而非福利型国家。对我来说,福利型国家,或福利国更像是一个噱头。政府总是在宣称自己所作的一切,都是在保护、提升社会福利。其同义词,"共同财富"(Commonwealth)一词也是语焉不详,其究竟是指公共财富,还是一个国家所有个体财富的综合? 不深究还好,但一旦涉及公共福利的具体实现路径,就会出现分歧,而且是极大的分歧。有人认为,最好由政府维持秩序,通过依法调节关系、规范寻求公平正义的行为方式,从而实现前述目标。还有人认为,只要不侵犯他人的自由,不给他人造成不当风险,且基于诚信原则,就应当让人自由选择自己的行为方式与内容。当然,总会有人坚信,不应该让社会个体自生自灭、自求多福,政府应当承担救助的角色,应当为了其臣民或在其统治下的公民,最大限度地承担家长责任。

这里需要明确的一点是,我并不是反对服务型国家这一概念本身。当今社会所要求的服务,不是仅仅维持秩序、补偿损失的政府能够独立提供的。在复杂的工业社会中,很多公众希望得到,甚至想尽快得到的服务,都无法由私人完成。在这个意义上,由行政机关提升整体社会福祉,显得尤为必要,且必须加以保证。试图平衡服务型国家理念与美国人民个人英雄主义品格的主张,注定是失败的。我们需要质疑的,并不是那些可以在不危及美国政治、法律、经济体制的情况下由政府提供的公共服务,而是所有公共服务必须由政府,也只能由政府提供的理念,根据这种理念构建的社会将高度政治组织化,将会无所不能,将为人们提供无限的服务。我所质疑的,是以公共福祉为名,对于相关协作实施极端严格管制并将其作为法的任务的理念,将高度政治化的有组织社会拔高到绝对统治者地位的理念。这种理念假定存在一个类似于超人的统治者,假定存在一个永远正确的多数意见,全知全能,可以承担起为全社会提供福祉的职责,可以判断在任何具体情况下的任何具体需求。在英语系国家中,所谓的服务型国家开始承担维持秩序、公正之外的其他职能。随着此类职能范围的不断扩大,政府对于提供公共服务的独占欲也日益膨胀。

服务型国家理念,对于美国宪政体制会产生何种影响呢?服务型国家的发展所导致的超级政府,一定会在官僚行政体系方面表现卓越。这一行政体系的本质,要求一个高度组织性的官僚层级体制。这个官僚层级体制,要求由一位超人(很可能是一位因其所享有的职权而形成的超人)担任最高领导人。因此,这条道路容易导致极权政体。服务型国家的内涵,有马克思社会主义以及绝对政府的痕迹,同时也随着世界另一端那个极权国家的发展得以发展。对于服务型国家来说,自由——个体的自由自决权、个人创造力以及自我救助——即使不是一个应该避免出现的概念,也应该是一个该当被谨慎怀疑的概念。在其看来,应当提倡全新的自由概念,具体而言,是指免受生存需求困扰的自由,免受各种担心恐惧的自由,而不是所谓个人自决。由个人提供的自我帮助,因为与政府提供的服务相互竞争,看似与政府所维持的严格管理制度格格不入。自发的个人创造,也可能会因为干扰政府行为而被嗤之以鼻。服务型国家很容易就会变成一个万能政府,在这个万能政府中,充斥着由公共开支供养的专家型职业官僚以及宣传机器。

如果说从服务型国家到万能政府还算是一个渐变的过程,那么从万能政府到极权政府就是分分钟的事情了。

美国联邦宪法的标志性条款,就是其所规定的权利法案。从弗吉尼亚州最早于1776年设立权利法案开始,历经独立宣言等发展阶段,权利法案已经融入到美国各州及联邦宪法之中。权利法案禁止政府行为干涉宪法保障的个人权利,也就是说,确保在文明社会中个人生活的合理预期。作为美国这片土地上效力最高的宪法的一部分,权利法案通过指控个人权利受到侵犯的司法判例得到贯彻执行。这与英语系国家之外的宪法权利宣告模式(如法兰西人权宣言)截然不同。后者仅仅是一种宣示,表达的是人的一种美好愿望,或者是对于统治者的一种权利声索,并不具备法律约束力,也无法在权利受到侵犯的情况下获得强制执行。但服务型国家的理念,开始影响到了我们对于美国权利法案的认知。最近,有人呼吁为其所倡导的所谓世界政府*起草人权宣言,针对宣言的每个条款,我们不仅收到了来自大陆法国家的不同意见,还收到了持服务型国家立场人士提出的与法律关系不大的观点。有一种观点声称,要让所有地方的所有人,都摆脱贫苦的枷锁与束缚。但这绝对不意味着个人可以自由地摆脱束缚,而是说等着让政府来帮自己摆脱束缚。同时,这种观点还宣称,个人有权利按照需求满足自身安全及生活需要,但这种个人需求因为没有什么限制,势必会和他人的需求发生冲突。这就意味着,这种对于权利的宣示不仅缺乏执行力,根本无法获得法律遵照执行,而且还为具有贪婪本

---

* 这里所提到的"世界政府"(World Government),应该是指1948年盖里·戴维斯(Garry Davis)在未获批准的情况下,在联合国发表演说,呼吁成立的所谓世界政府。后来,戴维斯放弃美国国籍,宣布成立世界政府的代理机关并向申请者颁发所谓"世界护照"。——译注

质的个人自治，以及具有同样贪婪倾向的多数派，打开了供其大肆劫掠的大门。

在其最近出版的论著中，考文教授讨论了为什么面对日益凸显的政府压迫，民众担忧却在持续降低的问题。因为经历过十七世纪英国的直接统治，以及十七、十八世纪英国的殖民统治，美国人民自从建国，直到今天，始终对于政府持不信任的态度，这种态度也影响了美国的政体。随着对多数人权利的神圣化，就好像之前对于王权的神圣化那样，有一种观点开始抬头，这种观点认为，我们应摆脱对于政府压迫的持续关注。但无论从理性，还是从经验来看，对于绝对多数的不信任，和对于绝对个人统治者的不信任一样，具有正当性。事实上，如果不信任个人统治者，大可以起义将其推翻，但是对于多数派，却无法这样做。

服务型国家的特征之一，就是大开支票，承诺满足一切被称之为权利的欲求。如果一部宪法承诺给予每位公民以适当的休息权,而宪法的起草者却从未扪心自问,这样的一种规定是否属于法律,是否属于国家最高位阶法律的组成部分,抑或仅仅是一种没有立法机关可以加以立法观察,没有法院可以加以执行的政策性宣示。这样的单纯政策宣示,会使得宪政结构变得羸弱不堪。因为无法获得强制执行,这些宣示会让宪法变成一部无法获得实际执行的死法,可以随时因为当下政治利益的政策考虑而被彻底抛弃,最终动摇业已建立的宪政体制。通过征税乃至没收的方式,一个所谓世界政府能否征集足够的财富,用来保证全世界芸芸众生享有所谓适当休息的权利?哪怕仅仅用来保障四亿五千万中国人享有这项权利?

在宪法所保障的权利当中加入这些规定,会导致宪法形骸化。仅仅通过政治或法律的办法,哪有一个政府可以让全世界的人都摆脱贫困的枷锁与束缚?有哪一个政府部门可以持续生产出足够多的商品,确保全世界范围内物质的极大丰富？法院如何能够强制立法机关、行政机关、公民个人或任何法人做到这一点？立法机关又如何能够做到类似的事情？这种论点像极了鼓吹法可以用来对抗过错的论调。保护人免受过错行为的侵扰，在刺激立法者认定补偿措施，以及制定法律确保补偿措施有效等方面，具有一定价值。但防止本身，缺乏可执行性与执行机制，而这些，都是成熟社会对于法律的现实需求。

采取行动实现平等满足需求，向前推动这一政策落实的能力，截然不同于宣称会将由一个世界政府确保上述政策开花结果的简单宣示。现在这个时刻，没有人会真的相信，西方世界在可以预见的未来有能力为全世界提供类似的社会安全，相反，世界上绝大部分地区生活的人们，时刻都在贫困线上苦苦挣扎。

我之所以大费口舌地对于所谓世界政府这种世界性政治组织草拟的权利宣言加以论述，理由在于这些世界宪法的热心建构者们所采取的观点,近来也出现因应美国国内服务型政府的发展而进行的宪法反思。对于一个号称致力于让其国民摆脱贫困与恐惧的国家来说,如果未能让其国民摆脱导致贫困与恐惧的人格缺陷,将无异于一个宣称能够将不可分的物体均匀等分的科学奇迹。我们怎么能够期待有一个政府能够满足世界上每个人的每个愿望?我们每个人都想拥有这个地球,但问题在于,偏偏只有一个地球。仅仅是宣示性的政策承诺,说白了就是欺骗。服务型国家属于政治组织严密的社会,无法像吹牛大王孟豪森男爵*那样用自己的胡子把自己拉起来。当然,这并不意味着十九世纪制定的权

---

* 孟豪森男爵(Baron Munchausen)是德国作家鲁道夫·拉斯普创作的小说《吹牛大王历险记》(*Baron Munchausen's Narrative of his Marvellous Travels and Campaigns in Russia*)中虚构的主人公,以爱吹牛著称。也有人认为,这一人物存在真实的历史原型。——译注

利法案不应做出补充,以适应当今这个城市工业社会。

承诺性的权利法案催生出无法满足的政治、经济预期目标,弱化了民众对于宪法的信心,是朝向极权国家发展的重要步骤。极权国家的最大卖点在于,强人,或者说具有超人禀赋的领袖,可以领导国家实现民主国家因受宪法制衡掣肘而无法实现的目标。如果一部宪法宣称的权利无法通过国家政权确保实现,就会导致权力集中在宣称有能力实现这些权利的绝对政府手中。服务型国家承担了所有公共服务的职能,通过权力巨大、限制甚少的官僚机关的运转,立足于占优势比例的人口,辅之以系统性的官方舆论口径,教育、科学研究补贴,即使以民主的方式,亦可以轻而易举地朝绝对政府方向发展。事实上,在服务型国家的极端支持者看来,宪法民主是一种概念冲突。民主应当是一种对于多数人不加限制的规则。多数派应当成为一切事物的绝对领导者,就好像法兰西国王或俄国沙皇。正如十七世纪主流观点所主张的那样,帝制本质上一定是绝对帝制,不可能是宪法帝制,基于相同的逻辑,民主本质上一定是绝对民主,不可能是宪法民主。

国家提供的一般福利体系,沦为以社会公众为代价,服务于特定政治当权派或特定利益集团的特殊福利,更沦为绝对领导者攫取权力、稳固权力的阶梯。路易九世通过将法国其他省份的资源有倾向性地分配给巴黎,牢牢控制了法国首都,进而控制了整个法国。西班牙君主则把从新大陆掠夺的财富带回西班牙,用来提供公共服务。意大利的极权主义者通过其他协约国提供公共产品。极权统治下的苏联用社会其他成员的牺牲换取工人阶级的统治。古代罗马君主用其从埃及勒索来的小麦让意大利人口粮无忧。

第一次世界大战结束之后,针对少数族裔及受压迫的种族应该享有的权利,美国多有宣示,多有承诺。但是这种口号式的大包大揽,与以少数服从多数为唯一绝对原则的超级服务型国家(或者该叫服务型超级国家?)的行政绝对主义,严重威胁作为法律文件的宪法是否能够保障这些少数族裔或受压迫种族实际享有上述权利,最终恐怕只会证明,宪法不过是政府承诺那些其无法提供的福祉的法律框架。在不考虑人的能力以及政治、法律权利的情况下,寻求人在所有方面的绝对平等的尝试,只会造成比先天不平等更大的不平等。除非我们赋予平等以美国权利法案那样的实际含义,否则只能重新捡拾其"人不是生而平等,只是平等而生"这样的论断。

生活在任何历史时期的人们,都有崇拜自身规则的倾向。在当今社会,崇拜的形式演变为对于绝对多数这一绝对规则的信仰,虽然这一规则大多数时候仅仅表现为相对多数。我们忘记了,绝对多数或者相对多数,只是意见无法统一时的解决问题的权宜之策。美国政体的创建者们,对于绝对规则有着切肤之痛的漫长体验,因此才试图通过分权制衡机制,排除任何人提出的绝对规则。正如前联邦法院大法官米勒在美国独立战争百年之际所提出的那样,美国政府、州、联邦背后的政治理念,与其他国家对权力往往不加限制的做法截然相反。但现在我们被告知,这一原则已经过时了。催生这一看法的是一项旨在通过课税为私营企业提供补贴的立法。该法于1875年被判定违宪。但是在当今的服务型国家统治下,以其他人为代价为某些人支付的高额服务,仍然被视为是对于公众的服务,实际上,在某些情况下,这只是特定利益集团为服务自己通过立法所规定的其他人必须支付的服务。这类人很容易自认为属于大众。如果要避免适用绝对多数或者相对多数这一绝对规则,就必须对公共服务这一概念加以仔细厘定。

以为公众提供社会福利之名,政府认定自己有权从张三处拿钱用来支付给李四,同时不受宪法禁止通过立法将某一要素或者某一类人作为公众的代表的限制,这种看法将会对民众道德带来负面侵害。如果政府是劫富济贫的公器,则生活在当下的某位"罗宾汉"也将不会认为自己劫富济贫的行为该当谴责。因为有过殖民地时代立法者为了部分人而非社会公众,对于另一部分人设定义务的经历,美国建国时的各州宪法都一律禁止以特定阶层利益为出发点的专门立法。在这个意义上,现行各州宪法中这一条款的缺失,就颇耐人寻味。毫无疑问,十九世纪的宪法适用过于僵化,甚至有时会妨碍到十分合理适当的公益立法。但完全省略这一条款的用意,指向这样一种情感:在制度设计时政府曾意图对于少数族裔做出不公平对待,因此对于一个有组织的政治社会而言,不应限制其让其成员承担为少数族裔提供特别服务的权力。

一个服务型国家,一定是官僚政府。而官僚的特质,便是痴迷于将自己控制范围内的一切收入囊中。如果让由心理学家组成的官僚机构负责检查每位公民的天资禀赋,然后不考虑我们是否喜欢,将每个人安排到他们认为我们适合的工作岗位,算不算一项伟大的公共服务?事实上,在心理学家还没出现之前,古希腊哲学家们曾呼吁应该这样做。稍后出现的东罗马帝国,在职业管理方面,就或多或少地有了这种迹象。一个万能的政府,建立在存在万能的官僚机构这一前提基础上。一个对于任何事情都管理得井井有条的政府,怎么会容忍社会成员因为选择了从事不会成功的行业而白白浪费人力资源呢?对于从事某项工作但明显不胜任,最终注定失败的人来说,还有必要继续为其提供资助吗?

或许我已经充分指出,服务型国家所代表的威权之路,将会导致法将不法。至少其偏离通过司法程序调整人际关系,通过适用获得授权的决定范式规范行为的法律秩序。社会控制的目标被当作在不考虑法律的情况下,单纯依靠行政所达成的范围极广的目标。

我们接下来考察的,将是沿着威权之路发展,法对于法律人这个职业群体意味着什么。让我们看看服务型国家对于这个职业的影响。

所谓职业,在容易造成问题失焦的职业体育崛起之前,一般意味着一类人利用后天习得的技能所从事的服务公众行为——除了谋生之外,职业也一定或多或少会服务公众。由此来看,所谓职业需要具备三个面向:共同的行业,习得的技能,为公众服务的精神。谋生绝非职业考量。实际上,职业精神,为公众服务的精神,一直在某种程度上制约着职业沦为谋生手段。一门有组织的职业,并不试图通过立法减少与其相关的义务或责任设定,也不会试图强化职业活动的牟利色彩。相反,其所试图推动的,应当是尽可能地发挥该职业所附着的公众服务属性。工程师或许会为自己的发明申请专利,商品生产者或许会为自己的商业秘密或实用新型技术寻求法律保护。但特定行业成员发明或发现的,并不是他自己的财产,而是可以服务公众的社会财富。

另外,职业组织也根本不同于一个商会或者特定从业人员的职业同好会。职业组织存在的目的,不是为了其所属的从业人员的利益,而是为了推动该行业所承载的社会服务职能。律师协会的成立目的,并不是为了改善律师的经济状况,而是通过提升律师技能与经验促进其执业,从而推动司法公正。与职业理想最为格格不入的,莫过于通过协调行为,以牺牲公众利益为代价谋求小团体的私利。律师对于客户、对于律师职业、对于法院、对于公众的传统义务,通过律师职业道德加以宣告,通过规范、案例加以宣导,通过律师协会的纪律处分加以贯彻执行,所有的一切,不是为了增加执业律师的个人收入,而是为了维持律师行业服务公众的精神,从而使得公众享有如果没有这种传统教育就不会存在的有效法律服务,与此不同,商业的目的,如果不是唯一目的,就是为了获取经济利益。这种旨在为公众谋求福祉的职业传统,无法为政治传统所取代,因为依据政治传统,占据某个职位的人主要效忠于政党,需要依赖于政党领导人的帮助才能获得提升。进一步来说,对于法学和医学来说,由于职业组织与传统会在很大程度上影响相关专业技能的研习,从而使得自身更加具有公共服务的属性。

法学院或医学院的毕业生,投身于庞大的官僚机构,担任公职,或者作为服务型国家的雇员,无法作为职业的有效替代。如果任何一种公共服务的形式都至少可能被当成一项政府职能的话,一位职业人士所从事的公共服务,与一位官僚所从事的公共服务,就会存在根本性差别。

如果从业者将谋生作为主要目标,如果一个社会中绝大多数人都被列在政府、公司、公共服务机构、公益组织、慈善组织的工资名单上,那么在这个意义上,社会上绝大多数人都将成为雇员,都将会被卷入某种形式的工会,并以此与资方商谈提高工资薪酬,改善劳动条件,保证职业年金乃至协调罢工事宜。如此一来,旨在推动医学进步的医生组织、旨在推动司法公正的律师组织,以及旨在推动教学水平的教师组织,都将让位于各行业争取更高薪资、更好工作条件的工会组织。美国两大工会早已展开行动,招募工商业中的"白领工人"入会,这显然也针对大型公司企业法务部门的年轻从业人员。"美国劳工联合会"*已经将市府雇员组织了起来,例如,在洛杉矶工作的负责缓刑的司法官,这些被我们视为属于正在形成的社工职业的成员,组成了缓刑官员工会,作为该市市府雇员工会的分支,隶属于美国劳工联合会。

---

* 美国劳工联合会(the American Federation of Labor),简称AFL,是一个全美劳工组织,1886年成立于俄亥俄州。二十世纪初,成为当时全美规模最大的工会组织。1955年与工业组织协会(the Congress of Industrial Organization,简称CIO)合并,到目前为止仍然是美国最大的劳工组织,对美国社会影响巨大。——译注

下一步,在联邦、各州、郡、市政府法律部门中工作的年轻律师,是否会时不时地举行罢工,抗议同业遭解职或调任,或者争取更好的集体工资待遇等,也不是完全没有可能。联邦政府的所有部委、所有行政机构,都雇用了大量律师。联邦雇员工会很有可能吸纳他们入会。服务型国家热心推动工会组织,协助集体协商,以此服务被雇佣者的做法,容易将其引向极端,从而危及社会安全。

因此,在这个以大为美的时代,各行各业中出现的大规模劳工组织,劳神费力、相互竞争与贪得无厌的个人自决,都决定了职业理想需要直面工会组织者作为雇员中新兴出现的一个阶层所具有的巨大权力。另外,随着劳工工作机会的稳定,如大公司的雇员获得常态化雇佣,联邦及各级政府中所提供的工作机会接近终身制,越来越多的从业人员被纳入到强调工资薪酬而非服务大众的组织之中。这种流行的交易心态,除非获得足够警惕,否则将会彻底侵蚀掉服务型国家内部的职业精神。这种堕落或退化的过程显而易见,可以将其分为三个阶段:(1)将所有可能涉及雇佣关系的人都吸收进工会,只要被吸收者无法被列为雇主即可;(2)通过政府补贴的方式控制职业教育,从而将职业纳入行政官僚的管理范围;(3)通过政府接管相关专业技能的学习过程,最终为每个人都提供廉价的专业服务。可以将这一完美解决图景,描绘为服务型国家理念的进一步逻辑发展。最初,服务型国家只提供为数不多的几项主要服务,现在,其恨不得把所有公共服务都招入麾下,容不得外人插手半点。全能型政府的坚定支持者们提出,在原始社会阶段,任何有能力胜任、有意愿参与的人,都可以提供公共服务。后来,随着社会的进步,此类服务开始转而由符合资质、从事特定职业的人士来提供,而职业资质往往需要政府加以认定授权。最终,当一个社会的政治形态发展成熟,所有类型的公共服务都将变身为只能由政府部门提供的一项政府职能。

虽然目前对于上述观点,倡导超级服务型国家的人可能无法马上全部接受。但我还是要在大家跟随他们沿着这条道路越走越远之前提出来,好让我们停下脚步,仔细确定这条路究竟通向何方。

职业理想受到的更大威胁在于,随着政府机构的日益扩大,职业人士所实施的专业技能将会演变为政府部门的政府职能。从一个无所不在、无所不能的政府机构角度来看,律师作为一个独立的职业,前景显得多少有些黯淡。早已有观点提出,行政机构应当建立自身的法律执业队伍代理行政诉讼,这些人作为政府机构的代理人,从维护己方当事人利益的角度出发,不会采取及时措施限制行政乱权,也不会及时采取法律规定的相关补偿措施。无独有偶,最近一份权威法学期刊上登载的一篇论文,抨击了指定庭审观察员的资质审查模式。批评的问题点在于,资质咨询委员会由一名杰出的州法院法官、一名美国主要城市律师协会负责人、前美国律师协会主席,以及一位曾参与过行政程序法起草、主要代理行政诉讼的资深律师组成。而这样一种人员构成,被指控太过法律化。的确,这太过倾向于希望庭审观察员能够理解法律论断,能够把握法律适用范围,能够兼顾考察手段与结果的相当性,等等。

事实上,职业理念与政府部门监督下的职业功能的发挥、职业行为的实施无法兼容。职业假定个体可以自由追求特定专业技能,从而获得个人能力的最大发挥。例如,政府雇员在政府监督下所实施的受到政府管理的行为无法取代科学家、哲学家与教育工作者,后者不仅仅作为等级森严的行政体系中的某个组成部分,受雇于他人,寻找被上级要求寻找的物品,而是可以自由地选择自己的专业领域,学以致用,充分发挥个人创造力,在其职业所具有的服务大众的精神驱动下,为了自己的目的自由寻求真理。

如果说法的民主之路已经终结,或者说走进了死胡同的话;如果说法的人道之路仅仅是将法引入威权之路之前的一段弯路,那么马克思主义主张的在理想社会中法终将消亡的观点将变得有可能实现。但我不想接受导致这种预期的投降主义哲学。相反,我坚信,法在探索自由之路时为文明社会发现的东西不能丢弃,更不应沿着威权之路走回头路。法的人道之路,并非威权之路的分叉。未来发展将会发现法的人道之路所指引的更为宽广的目标。一定会在民主之路的终点附近发现新的起点,沿着新的起点前行,势必会走向以文明的方式充分发挥个人能力的目的地。从经典罗马法学家到二十世纪的法典,从亨利二世的王座法院到维多利亚时代的皇室法院,从北美殖民地时代的法庭到如今美国法院的违宪审查机制,通过理性与经验调整人际关系、规范行为从而满足人类需求与预期的做法,不能全盘否定。从中,法律沿着更加宽广、更加平顺的文明之路不断前行,应该能够发展到另外一个伟大阶段,这种发展,一定可以与从奥古斯都到亚历山大·塞维鲁*的经典罗马法发展阶段,与欧洲大陆民法的成熟阶段,与十九世纪英语世界普通法的大发展阶段相提并论。

---

* 亚历山大·塞维鲁(Marcus Aurelius Severus Alexander,208—235 年),罗马帝国塞维鲁王朝的最后一个皇帝,于公元 222 年至 235 年在位。——译注

附

法律的正义[*]

一个代际之前,各州立大学纷纷创建之时,美国社会中的法律,似乎已经完全占据了主导地位。大体上,无论是公共活动,抑或是个人行为,方方面面都已经被纳入到司法审查的范围。当时人们普遍接受这样一种近似定律般的认知,人需要受到某些根本性限制,这一点与宪法以及自由政府的本质一脉相承,至于限制的程度与范围,更是被想当然地归于法律问题一类。行政行

---

[*] 原文见 Pound, Roscoe, "Justice According to Law"(1914), *Mid-West Quarterly, The* (1913—1918), Paper 6.——译注

为面临严格的司法控制,几乎所有管理措施都可能毫不意外地接到司法禁令。我们深为实现法治、摒弃人治感到自豪,每每看到仍饱受官僚压制的欧洲各国人民,我们不禁有些自鸣得意,却丝毫忘了怀疑,我们是否更是法的奴隶。正因法在社会生活、政府活动的所有环节都发挥着重要作用,西方各国将法律教育纳入到其所提供的公共教育项目之中的做法,也就变得不足为奇了。

在此期间,一项重大的转向逐渐显现。尽管创建州立大学的一代人仍然坚定支持对于违宪立法的司法审查机制,但当下的一代人却似乎急于放弃这一法的基本理念,在法学界内部,也有人认为,宪法问题不是纯粹的法律问题,而是纯粹的政治问题。尽管创建州立大学的一代人仍然认为自由这一原则意味着行政权只存在于最小的必要范围内,仍然试图通过司法审查消除所有影响个人生命、自由、财产平等的问题,但当下的一代人却似乎急于为行政权松绑,尽可能地排除适用司法审查,至少将其限制在最小的可能范围之内。如果说之前我们指望法院的话,那么现在我们指望的则是各种委员会。即使刑事司法活动,这个普通法获得专属排他适用的领域,也开始出现青少年法庭、缓刑委员会以及其他对于犯罪人进行个体化处遇的制度尝试,医学界人士甚至不希望继续仅仅扮演法庭中的专家证人角色,而希望成为某种意义上的裁判者,所有这些试图被引入刑事正义中的行政要素,都曾为我们的父辈们所深恶痛绝。之前,在州立大学法学院系筹建之际,法院和法律,还在解决实际问题的过程中发挥着主要作用,现在,在这些法学院开始正常运转之时,他们的毕业生却很可能遭遇没有用武之地的窘境。

或许有些冷嘲热讽者会说,这种转向,恰恰是大学中法学院的存在理由。在他们看来,只要普通法传统,这种被美国建国之父们所珍视的传统依然有效,就可以继续将其作为个人法律行为的前提,作为法律训练乃至司法的根据,但如果时代的进步已经使得普通法丧失了活力,那么就只能将其视为一种历史遗迹,交给学者或者教授们来加以研究。不需要浪费时间争辩只有失效的机制才应进入教授的研究领域这一观点是否正确,但可以确定的是,国家不会单纯为了研究某种"社会化石"而专门成立一个学院。然而,仅仅从表面来看,或许很难发现这些嘲讽者的错误之处。他们会告诉我们,随着我们建构的法律体系与传统渐行渐远,我们对于法律的依赖程度也会越来越低。不再需要通过法学院教习、研究法律,事实上也没有什么法学院有能力应付立法的频繁订立、修改与废止。如果人民的意愿,或者每个人的意愿都会被制定并宣告为法,那么法学院可能就要变身为政治学院,法学教授也可能要变身为历史学家,变身为纯粹的哲学思想者。与医学、工程学或其他应用科学的教授不同,法学教授对于美国建国之父们法律思想、法律建构的研究,将不再属于职业教育,而会沦为纯粹的通识教育或者文化研究。只消看下先锋派政治或行政学者的著作,就会发现,上述思潮已经得到了普遍接受。因此,我们不禁要问,这个世界,或者说我们所生活的西方世界,将要放弃法律正义吗?权威要凌驾于理性吗?法学要让位于政治学吗?法官要服从于行政官吗?法院要被一份司法备忘录所取消吗?

如果法律发展的历史可以最终得到验证,那么法律人就应该充满自信地回答上述问题。这不仅仅因为法律从诞生之初,就一直伴随着意志与理性的此消彼长,伴随着行政命令与司法理念的相互交锋,伴随着法律体系中传统与创新的激烈互动,更因为法律的正义与"法外的正义"(Justice without Law)*之间的作用与反作用,

---

* 国内也有观点尝试将其翻译为"不据法正义",译者认为,这样容易造成是否属于法官不依法审理案件的误读。相比较而言,"法外的正义"更契合原文所要表达的内容,特此说明。——译注

往往导致法律规则的增加、内容的丰富。

可以在英国法律发展史中,发现一个颇具说服力的例子。十六世纪中期,律师们开始对普通法被束之高阁的现状有所抱怨。王座法院审理的都是一些鸡毛蒜皮的琐碎诉讼。无所事事的法官们只能顾影自怜。涉及政治的重要刑事案件,往往受到两到三名训练有素的罗马法学者把持,从而严重威胁到普通法的运行。法院的门庭颇为冷落了一段时间。实际上,大约三百年之后,王座法院才开始逐渐在英国政体中占据主导位置。到了爱德华三世统治时期,在英王征收赋税等问题上,英国法院已然开始坚持法律至上的原则,甚至明确告诉英王,不得在案件审理过程中通过递条子的办法干预司法。后来,英国法院还判令,议会不得逾越宗教与世俗的天然界限,任命英王担任牧师等教职。在都铎王朝时期,普通法的发展进步出现了短暂的停滞。一度,王座法院等普通法法院以外的其他类型司法得到了长足发展。曾几何时,位于威斯敏斯特的王座法院被罗马法法庭,更被简易程序、推到了历史的后台。这是谘议局(the King's Council)*的时代,星宫法院(the Star Chamber)**的时代,上诉法院(the Court of Requests)***的时代,简而言之,这是一

---

* 谘议局,是指诺曼征服英格兰之后所设立的帮助其处理国事的咨询机构,主要包括大谘议局与谘议小组两种形式,前者由王座法院大法官以及贵族领主组成,受英王传召不定期召开。谘议小组由王室官员及法官组成,属于常设性机构,实质上类似于国王的巡回法院,负责处理立法、司法与外教事宜。——译注

** 星宫法院坐落在威斯敏斯特的皇宫之中,存在于十五世纪晚期至十七世纪中期,由谘议员及普通法法官组成,主要辅助刑事、民事案件中的普通法、衡平法等司法活动,从而确保地位显赫的被告人能够得到公正审判,避免司法不公。现代用语中,通常用星宫法院指代程序不透明,规则严厉且任意的司法或行政机构。——译注

*** 上诉法院属于规模较小的衡平法院,最开始用来解决贫苦百姓的诉讼,因为诉讼成本低、诉讼效率高而倍受欢迎。十六世纪晚期,普通法法院因为不满上诉法院夺走了大量案源,开始与其龃龉不断。——译注

个偏于行政法院而非司法法院的时代。这样看来,与普通法脱离,即放弃由法院作出的司法正义,转而由行政法院或行政官员执法的运动绝非现在才出现,而是早已有之。和今天一样,这是一种发生在法律正义与法外正义之间的作用与反作用。

而且,历史上出现的这两次脱法运动十分类似。在都铎王朝及斯图尔特王朝时期的脱法运动中,严格法律阶段之后出现了衡平法或自然法阶段。因为注入了之前所没有的道德理念,法律实现了其自由化历程;同时,严格的普通法程序抵制法的自由化,并试图阻止以体制内的方式完成这种自由化,因此,在法的自由化完成之前,有必要暂时跳脱法律。当下,与严格的普通法十分类似的成熟法阶段之后,随之而来的是欧洲学者所称的法的社会化阶段。所谓严格,是指当事人只能依法获得补偿,同时排除司法者的自由裁量。而成熟法阶段是指个人可以主张平等、安全,同时要求借由最高程度的确定性实现上述目的阶段。有观点认为,严格的法是不道德的,因为其仅仅考察规则本身,从不考察行为的道德属性。与此类似,或许可以说,成熟法也不具有道德性,因为其为实现最大限度的个人自决,坚持抽象的平等与安全,同时忽视具体个人的道德价值。因此,需要和之前的脱法运动一样,从体制外注入道德理念,这种注入过程,同时需要消化、吸收社会科学中所发展出的相关理念。与之前的脱法运动类似,成熟法中位阶最高的法益,如确保交易安全或者财产安全等社会利益,导致法律模式僵化,导致在能够实现相关目的的立法出现之前,有必要使其暂时脱离司法,转而由行政机构负责。我们可以较为恰当地将努力通过改良封建物权法满足封建英国需要的英国法院,与十九世纪前半叶受到为了满足农业及边疆开拓需求所设计之规则与机制的影响而出现的美国法院,加以类比。

这些现象并不是孤立的存在。法律中被称之为衡平的伟大民主机制，从来都是从执行正义开始的。罗马的裁判官在认定根据严格规定的法律哪些事情可以做，哪些不可以时，会受到自身道德观念的影响。后来，罗马皇帝强制推行所谓"遗嘱信托制度"（Testamentary Trusts）*，如《法律原理》（the Institutes）**告诉我们的那样，是由于皇帝本人曾数次因为某些人而被感

---

* 遗嘱信托制度是指一种因立约人死亡所引发的信托制度，信托的内容为死者的具体遗愿。一份遗嘱当中，可能会包括多份遗嘱信托，内容可能会涉及死者的全部财产。——译注

** 东罗马皇帝查士丁尼组织法学家清理、编撰法律，先后于公元529年编定了在法学史上划时代的《查士丁尼法典》（Codex Justinianus），于公元533年编定了《判例汇编》（Pandects），系统整理了司法判例，后为便于初学者或法官理解法典与判例，又编撰完成了《法律原理》。这三项法律文件组成了所谓古罗马的《民法大全》（Corpus Juris Civilis）。——译注

动。对于要特护保护的对象,法兰克国王习惯于不依照法律,而是通过公平原则作出决定。对于主张权利救济的当事人,英国的衡平法院法官则会往往会从"慈悲或救济"的角度做出应对。在上述情况当中,执法者的行为依据的都是公平原则,以及对于受害方、弱势方的同情。当今的执法状况与此别无二致,都是在不受任何规则束缚的情况下,由执政者根据当时的整体利益与公平原则,对于个人之间的关系,或者个人与国家之间关系的一种概括性调整。事实是,大体上属于法外正义的现象现在进入了活跃期,甚至可以用为了达成目的不择手段来加以形容,这种样态,像极了英国文艺复兴时期思想解放所导致的个人主义。上述两种情况中,造成脱法运动的成因都十分类似。在这两次短暂的脱法运动中,都存在当时的法律无法满足其目标的情况,都无法将个人之间的关系调整到与社会道德感相契合的程度。因此,在更加民主自由的法律体系没有建构起来之前,裁判官、国王或者衡平法院法官就会一直在法外执法,不会依据法律实现公平正义。事实上,法外正义的转向,标志着新型正义观的崛起——在古代社会,法由单纯维持和平安宁的手段转变为保持既有社会现状的工具;十六、十七世纪,法从维持现状的工具转变为保证个人自决权最大化的工具。现在,类似的转变正在发生。从整个世界来看,法律目标以及正义观念的调整为依照法律实现正义施加了巨大压力,广大民众对于法律专业人士多有不满,法律人也很难对自己满意。

前面提到的这几次脱法运动,并未给实施公平正义的基本原则或理念产生永久的破坏。由代管人实施的衡平措施,现在已经由被立法规定的标准条款所取代。的确,库克在与大法官法院(the Court of Chancery)的斗争中败北*,但最终,被罗马法化的法院纷纷没落,衡平法院也最终回归普通法传统。大法官法院适用的衡平法以及星宫法院负责管理的轻罪,都已经被法定化,并最终被移植到普通法体系中,成为其有机组成部分。普通法最终存活下来,而脱法运动所导致的法外正义唯一留下的,仅仅是法律的自由化与现代化。

如果我们可以通过法律现代化的办法满足脱法运动的需求,从而使其更有效地实现法律体系的当代目标,或许现在就可以像都铎与斯图尔特王朝时期那样,对于法的主导地位保持自信。毕竟通过行政执法所实现的正义是一种恶,即使某些情况下,这是一种必要的

---

* 这里所提到的斗争,是指 1616 年,库克要求英王詹姆士一世采取措施,限制大法官法院受理已经被普通法法院驳回的诉讼的做法,特别是大法官法院经常会做出与普通法法院意见向左的判决。但这一要求并未获得英王的支持,从而导致衡平法获得优先于普通法的法律位阶。——译注

恶。这种法外正义经常是原始的、易变的，从长远看也势必如此。没有人可以一直单纯依靠对于正确的直觉，在缺乏法律依据的情况下通过王室的权力进行裁判，但是，我们可以学会抑制冲动、遵从理性，学会在践行理性的过程中，体验解决争议的斗争艺术。如果我们对此一无所知，那么法律发展史会告诉我们，不要相信有人可以一直抛弃法律行事，但的确有人会在充分了解规则的情况下，偶尔为之。因此，时代总是会给行政正义套上法律的枷锁，从而将行政机关纳入司法审查的对象。一位守法公民，如果发现在要求法律采取积极作为的时代，只能得到一个消极制衡的法律体系，就会时不时想放弃通过法律追求公平正义，转而寻求法外救济。但过去的经验告诉我们，如果可以在法院以更符合大众道德直观的方式调节人际关系之前，对于司法正义加以完善，使其在成本较低、未被不合理拖延的情况下得以实现，那么，通过行政手段实现正义的势头就会很快由胜转衰。

历史上,这种势头的强化,不仅伴随着正义观念的改变、伴随着司法体系中融入前所未有的理念、伴随着为了尝试通过行政手段实现正义而放弃法律与司法正义的社会实验,还伴随着将法律理念视为纯粹人类意志产物的政治观念,伴随着理想主义与修正后的理性与正义观点的对立。如今,上述现象依然存在。在十七世纪,坚持王室特权的观点堪称进步观点。那些将国王视为社会利益守护者的人,希望赋予国王以自由决断的权力,从而保证其可以作出有利于社会的决定,因此,也会因为国王的权力受到诸如源自《大宪章》等陈腐文书的法律规则之束缚而怒不可遏。对于这些人来说,统治者的意愿就是法律的标准,无论是从忠诚的角度,还是从审理具体案件的角度,法院对其都应加以遵守。事实上,在十九世纪,改良主义的新教法学—神学主义者坚持消极服从的政治原则,对于农民起义持激烈的批判态度。然而,与此同时,因为法的命令要素长期遭到遗忘,在之前的两百年间,法律概念仅被视为理性与正义的产物,如此种种,导致一种新的法哲学动向已经呼之欲出。当前,政治学说中,充斥着将法律视为人民意志的绝对观念。将多元主义与喜好斗争的少数族裔视为社会利益守护者的人认为,应当赋予其自由决断的权力,从而使其做出对于社会有利的决定,并同样会因为这种权力受到源自十八世纪权利法案的陈腐教条与僵化判例的制约而大为光火。这种观点也认为,即使从审理当下具体争议的目的出发,统治者的意志,也应该成为法官审理案件的根本指南与直接参照。然而,和之前一样,尽管政治思潮中此类绝对主义的观点暗潮汹涌,目前出现的确是对于司法理想主义的回归。欧洲的大陆法学者们,又一次针对自然法展开深入研究。美国也毫无疑问地出现了法哲学的复兴,这样一来,先前出现的要求法律符合理念的做法,重新成为法理学的教义。

但这并不意味着现在的法学家要重拾十八世纪那种具有普适性的法律原则体系,以及依据纯粹逻辑演绎从中推导出的法律规则体系。现在的法学家只是希望通过考察不同历史时期的法律理念,寻找可能的参照体系。例如,他们只是希望知道当时被科勒称之为文明的司法前提的概念,内容究竟为何。但现在的法学家并不愿自甘放弃,被动承认法院与律师所能做的,仅仅是确定、解读当下社会中绝对多数或相对多数人的意志。其所反映的司法多余论,在当今复杂的工业社会中,与在历史法学派占据话语霸权时期的立法无用论,以及后来被实证主义所补充的司法无用论一样缺乏可能性。人类可能无法生下来就获得通过争端的公共解决机制方可发展出来的正义原则。在当事人都具有决定权的情况下进行司法,绝非易事。没有人能够直接执行公平正义或者直接控制正义的实现过程,就好像没有人能够直接开药、直接控制医学发展,或者直接指挥军队、直接控制军事学发展那样。在这些情况中,对于过去经验的研究,加上对于当下问题的科学理解,构成了实现法律目标的具体路径,相关知识的科学体系不可避免地将导致其中的某些部分,必须通过专门学习与训练才能获得。这也正是库克对于英王詹姆士一世相关疑问的解答。詹姆士一世询问库克:"难道我在理性方面不及我的法官吗?"这个问题与现在大家经常疑问的"是不是我们不具备法院的理性"如出一辙。库克当时的回答是:

> 的确,上帝赋予陛下以极佳的科学才能、超人的自然禀赋,但陛下您从未研习过您所统治的英国这片国土所适用的法律,其所涉及的生命权、继承权或财产权,并不受自然(未经训练)理性左右,而需要通过拟制(经过训练)理性来进行法律判断。法是一门艺术,只有经过长期研习与实践,才能被掌握。

任何试图寻求法外正义的努力,都是在真实重演法官库克给英王詹姆士所上的这堂值得纪念的课。在美国,我们也已经对此有所领教,独立战争之后,美国人对于律师多少保持些敌意,很草率地打破了律师的职业传统,导致很多未经训练、缺乏能力之辈混入律师界,同时还贬损司法权威,但这些所导致的,却是杰出的律师成为社会的领袖,普通法的基本教义深深贯彻进入美国宪法。实际上,我们现在言之凿凿所抱怨的很多问题,与法律传承、普通法、律师甚至法官,半毛钱关系都扯不上。导致这种情况的原因,在很大程度上,是律师组织混乱、缺乏训练的结果,是坐在法官席上那些政治挂帅的平庸之辈们,将十九世纪对于民主的错误认知或某些当下流行的质疑带入到司法的结果。

因此,我们或许可以保证,法律正义不会消失。我们或许可以保证,法律不仅是当下国民大众的意志表达,还是人与人之间、人与国家之间关系的理性表达。

我们或许还可以相信,新的法律发展就在面前,和之前的法律发展历史类似,这也将是超越既有司法材料,将前所未有的新思想纳入其中的发展过程。我们可以大胆预言,需要通过权利与正义的哲学理论,以及持续努力保证法律符合上述理念,才能实现这一过程。这也必将成为在大学受过法律训练的律师所完成的科学立法过程。将法视为人民意志的观点,属于将确定性与安全性视为唯一法律目标的过去时代。纵观法律发展史,一旦法的命令要素占据重要位置,法的发展就会陷入停滞。法,通过法律活动得以存在,获得成长。法,曾因为自然权利、正义、理性或功利性等理念得以自由化,并由此产生出一系列通过可供检验的原则、规则、标准。法,不会将强制、命令或者统治者的意志作为最终效力来源。现在,美国法中最重要的转变,并非通过大吹大擂的立法活动加以体现,而是通过判例法在水面下静静的发展所体现,后者平静但渐渐地将传统法律体系要素与全新正义观保持一致。随之而来,在法律思想之中出现了另外一项重要转变。众所周知,对于法律本质的传统争论,已经偃旗息鼓。因此,在欧洲大陆的大学中创建全新法律科学的社会哲学派法学家,已经放弃了围绕这一问题的讨论,转而讨论其背后法所导致及作为其存在目的的法律秩序。实现法律秩序,或者如我们所说,实现正义的途径,可能不同。决定对其加以规范的法律原则体系内容的机制,也可能存在这样或那样的差别。可能是命令或统治者意志,可能是理性或法律科学,更可能是习惯以及传统。但在法律发展开始之前,其目标就已经展现在人们面前。通过迎合作为当前法律秩序终极概念的这一特定形式,这一新的法学派为法理学的未来发展指明了进路。这种观点告诉我们,法不是目的,而是手段。这种法律概念的功能性界定,赋予过去一直被作为法律发展基础的理性与正义等法律概念以新的含义。但这种将法律作为工具的研究,这种参照目标对于法律的评价,这种对于法律机制、法律原则实际社会效果的考察,这种对于法律有效实现目标的途径探索,都还只能停留在大学的高墙之内。

在摆在眼前的普通法改造过程中,我们可能不再依赖于过去盎格鲁—美国法的形成机制。在不同普通法法域之间,并不存在一个共同的立法机构,也不太可能出现一个共同的立法机构。与此类似,在不同普通法法域之间,并不存在一个共同的上诉法院,在可以预见的将来,估计也不会出现类似的机构。没有迹象表明美国的司法会重新坚持普通法的纯粹司法发展进路。如果说还有什么可书之处,那便是美国城市社会与现代工业的巨大压力,使得美国法院不可能仅仅依据既存的法律规则进行司法活动。事实上,我们认为,现在就已经出现了这种情况。有谁敢提出,在没有受到外部刺激的情况下,我们的立法或司法判决,能够对于证据法产生如塞耶*或威格莫尔**等人的巨大影响？美国法学家已然放弃了过去占据绝对统治地位的历史分析方法,作为改革成果的一部分,社会学与政治学的部分原则,已经作为法学原则的一部分,学界正借此发展新的法律原则模式。对于法学教授而言,应该开始研究赋予普通法法官以力量的独立性与持久性条件。法学教授所做的历史考据、理论批判及分析工作,都是当代司法判决中法官意见所无法望其项背的。而且,法学教授可以将法与法

---

* 詹姆斯·塞耶(James Bradley Thayer,1831—1902年),美国法学家、教育家。对于美国宪法学、证据法等诸多领域都颇有建树,特别是其所提出的"合理基础审查标准"(Rational Basis Review),对于美国宪法学理论与实践产生了重大影响。——译注

** 约翰·威格莫尔(John Henry Wigmore,1863—1943年),美国证据法巨匠,对于美国证据法学理论与实践产生了巨大影响,特别是其所提出的"威格莫尔图表法"(Wigmore Chart),一直沿用至今。——译注

律部门作为整体加以宏观考虑,而法院却只能专注于微观的具体问题。

因此,国家通过法学院系的建设,确保国家法律体系的发展,同时通过法学教育在英语系国家的法律体系发展中所发挥的积极作用,赋予法律以全新的生命。但这多少有些过犹不及。没有什么比保持社会机制更重要的了。没有什么社会机制比法律传统更重要的了,一代代英美法官与律师,为了捍卫法律正义的传统,前仆后继,殚精竭虑。在大量阐述普通法的汇编文档中,我们获得了其他任何法律体系所无法企及的司法经验。无论如何立法,无论参与立法的是法学家、法官还是立法者,这种传统材料都不应被忽视。正如狄龙法官*所

---

* 约翰·狄龙(John Forrest Dillon,1831—1914年),美国法学家,曾担任艾奥瓦州法院及联邦法院法官,针对州政府与地方政府之间的关系,有十分权威的分析。——译注

言,"普通法的汇编文档对于立法者的重要性,丝毫不亚于其对于律师的重要性,一代代闪烁着光辉的先代经验从未中断,为立法者标注、照亮着未来的进路,使其几乎无需踏入黑暗一步。"但是,除非已经对其了然于心,否则没有人会希望将新的法律体系建立在旧的传统基础上。如果仅仅作为一组法律规则,我们的盎格鲁—美国法无疑差到极点。和受到普通法影响的路易斯安那州成文法或加拿大魁北克立法相比*,我们的法不够抽象。我们的法也不同于在批判借鉴罗马法的基础上成功输入南非的苏格兰法,事实上,即使在菲律宾或波多黎各,也没有能够用罗马语—西班牙语建构起实质的盎格鲁—美国法体系。我们这种普通法意义上的侵权法,不属于像罗马法中的合同法那样可以通行全世界的规

---

* 这两个司法区适用相对普通法更为抽象的成文法。——译注

则体系。通常的比较立法,单纯进行规则比较,在此基础上依据规则是否符合抽象正义,依据规则是否能够满足事先预设的目标,对其加以选择,这一点,早已经被萨维尼嗤之为儿童思维,因为孩子一旦谈到历史上的战争,首先会问的问题,总是哪方是好人,哪方是坏人。单纯将规则作为抽象存在加以对比是完全不够的。体量浩大的普通法判例汇编最大的价值在于,可以确保律师感知法律在实际运用中到底能够走多远,同时大体掌握将其应用于新情况时可能产生的结果。罗马帝国的立法者除了承认宪法之外,还会赋予诏令以法律效力,草拟诏令的专业法律人士不仅通晓罗马法律传统,在具体问题的判断过程中还会侧重考虑自然法。对于现在的美国立法者来说,如果不参照熟知盎格鲁—美国法传统,同时在具体问题的考察过程中不注意参照当代社会科学的意见或建议,也将注定籍籍无名,碌碌无为。在实现正义的问题上,法律传统与社会科学都不具备独立的充分性。如果不通过司法经验主义,或者不通过与过去的相关材料相协调,法律原则将全部沦为空谈。

二十世纪最为显著的特质,在于这个时代坚信通过努力,可以建设理性社会,在于这个时代坚信可以有意识地对于社会进行直接控制。法,作为人类心灵沟通的产物,作为人类内心与客观生存条件等非情感要素互动的结果,无疑是自然的一部分,无疑需要通过学习加以掌握、运用。法律当中没有哪一部分不是由决定人与人、人与社会互动行为的判断标准所组成的,只有这样,法才能推动文明进步,才能最大限度造福人类社会。只有通过理性、原则与这些标准保持一致,同时摆脱随意性,不故意侵犯特定人或特定阶层的利益,才能实现我们所说的日耳曼法系的法律正义,才能实现我们所说的盎格鲁—美国法系的法律正义,这是对于造物主正义与真理的欢呼,历史上获得这种欢呼的,还包括中世纪的日耳曼法、上帝意志下的王权统治、布莱克顿*对于法律的论述,以及美国建国之父们试图通过权利法案所表达的宪法基本精神。

罗斯科·庞德

于哈佛大学

---

* 亨利·布莱克顿(Henry of Bracton,1210—1268年),英国法学家,对于英国普通法与习惯法的研究堪称经典,在刑法等其他部门法方面也有独到见解,影响极大。——译注

译后记

    小小人、老炮儿与这场未竟的社会实验

    二十世纪初,罗斯科·庞德在美国所作的这几篇讲演本与生活在当下中国的我无关。直到译校完这本"小书",我感觉被刺痛、被咬伤,突然,感觉有话要说。因为这本书,像极了卡夫卡所说的那柄"砍向我们内心冰封的大海的斧头"。*

    作为社会学法学运动旗手的庞德认为,"从身份到契约"的这一经典阐述,如果从法律机制的角度来看,无疑是政治正确的。其正确之处在于,在法律这项"社会

---

* 转引自〔日〕村上春树:《无比芜杂的心绪:村上春树杂文集》,施小炜译,南海出版社2013年版,第304页。

工程"中,身份与契约,分别标志着到达"安定社会秩序""调整社会关系"以及"保障各种要求和利益"这三大社会学法学目标终点*的不同法律起点。将起点与终点联系起来的,正是其所谓"法的道路",这种联系,有高度的实验性、具体性与政治性。必须承认,无论所谓"新路"具体内容为何,抑或是否仍然可被视为"新"路,庞德对于法的发展道路的起点与终点的界定,以及对于二者之间既有连接范式与到达路径的梳理和预测,起码在所谓理想社会到来之前,仍然具有极高的参考意义与强大的分析能力。

作为实用主义者的庞德主张,"法律是通过理性发展起来的经验,是被经验证实了的理性"。的确,许多工具论者把法律看做是"实验",在其看来,法律的重要方

---

* 参见顾维熊:《反动的庞德实用主义法学思想》,载《法学研究》1963年第5期,第46页。

面总是要根据积累的经验加以修正,因此,就这一点说,是实验的。* 这一认知,对于分析当下中国的法的进路,无比重要。虽然早有国内学者提出过"中国法学向何处去"**这个宏大命题,但似乎还没有人像庞德这样,跳脱自二十世纪二三十年代以来美国的法思想的传统范式,不再把重点放在借由法的规则以及法院判决的社会后果解释这些规则和判决的必要性的传统视角,而是把法看做是实现社会变革的工具、建设"社会工程"的工具***,从而提出"中国的法向何处去"这一现实命题。

---

* 参见〔美〕罗伯特·S.萨默斯:《富勒教授的法理学和在美国占统治地位的法哲学》,潘汉典译,载《环球法律评论》1980年第1期,第6页。

** 参见邓正来:《中国法学向何处去——建构"中国法律理想图景"时代的论纲》,商务印书馆2006年版。

*** 参见〔美〕哈罗德·卜曼:《美国法的种种哲学观点》,中绳译,载《现代外国哲学社会科学文摘》1980年第6期,第5页。

在电影《老炮儿》中,有一句台词:"这世界,不是你们这些小老百姓能想象到的。"同样是在这部电影中,身份迥异的官二代与社会低层的混混之间亦存在基于江湖道义的"契约"。在这个身份与契约杂糅的"非典型市民社会"中,社会分层的复杂化导致中国法的发展进路起点是模糊的,并不存在一个排他性成立的绝对单一起点。在这个意义上,在以平等主义规范为特征的当代文明社会中,以庞德为代表的研究社会分层制度对司法行政影响的法社会学分析范式,就变得极有参考价值。

曾经踏足中国进行司法考察的庞德提出,"近代化,就是适合当代'时'与'地'的要件的意思,和为他时代所设计而与所接触的生活脱节的那些设施正相反对。"* 的

---

* 转引自杨峰:《对庞德"近代司法的问题"批判——从实用主义法学谈到现代修正主义的国家观点》,载《学术月刊》1958年第6期,第72页。

确,在美国的政治思想中,"国家"同"政府"被混为一谈了;同时,美国法学家还倾向于不是以中央集权的整体来考虑政治过程,而是把政治过程看成是各政党乃至公众舆论互相冲突的联邦与各州权力之间错综复杂的相互作用,以及立法、行政、司法三者之间的互相制约和平衡。* 这种前提预设显然与目前中国的实际情况相去甚远。和美国法的发展之路不同,在中国法语境中,总或多或少会有日本作家村上春树在《1Q84》等小说中描绘的"小小人"的身影。在很多评论者看来,"小小人"生活在一个没有独裁者,经济高度发展,同时存在一定意义政治民主的社会中,属于一个近似于乔治·奥威尔《1984》中"老大哥"的反讽

---

* 参见〔美〕哈罗德·卜曼:《美国法的种种哲学观点》,中绳译,载《现代外国哲学社会科学文摘》1980年第6期,第4页。

存在,本质上,就是政治体制。* 任何对于中国法的发展道路的讨论,如果不能紧密结合既有体制,在体制内加以讨论,势必都将是一种毫无现实意义的空谈。

如果将中国法的发展与完善视为一场人类历史上前所未见的宏大社会实验,我们都是这场正在进行中的巨大社会实验的参与者与见证人,我们看到了起点,也被告知了终点。在这个意义上,与其说重要的问题是"中国法该向何处去",莫如说"中国法该如何去",对此,庞德其实并未,或者根本无法告诉答案。

于是我们,只能摸索着,尝试走下去。

李立丰

2016年3月26日于长春

---

* 参见〔日〕河出书房新社编辑部编:《村上春树〈1Q84〉纵横谈》,侯为、魏大海译,山东文学出版社2012年版,第205页以下。

图书在版编目(CIP)数据

法的新路径/(美)庞德(Pound,R.)著;李立丰译.
—北京:北京大学出版社,2016.6
ISBN 978 – 7 – 301 – 27204 – 6

Ⅰ.①法… Ⅱ.①庞… ②李… Ⅲ.①法学—研究 Ⅳ.①D90

中国版本图书馆 CIP 数据核字(2016)第 123055 号

书　　　名	法的新路径 FA DE XINLUJING
著作责任者	〔美〕罗斯科·庞德　著　李立丰　译
责任编辑	柯　恒
标准书号	ISBN 978 – 7 – 301 – 27204 – 6
出版发行	北京大学出版社
地　　　址	北京市海淀区成府路 205 号　100871
网　　　址	http://www.pup.cn　http://www.yandayuanzhao.com
电子信箱	yandayuanzhao@163.com
新浪微博	@北京大学出版社　@北大出版社燕大元照法律图书
电　　　话	邮购部 62752015　发行部 62750672　编辑部 62117788
印　刷　者	北京中科印刷有限公司
经　销　者	新华书店 880 毫米×1230 毫米　32 开本　4.5 印张　53 千字 2016 年 6 月第 1 版　2017 年 10 月第 2 次印刷
定　　　价	25.00 元

未经许可,不得以任何方式复制或抄袭本书之部分或全部内容。
版权所有,侵权必究
举报电话: 010 – 62752024　电子信箱: fd@ pup.pku.edu.cn
图书如有印装质量问题,请与出版部联系,电话: 010 – 62756370